U0124756

微 光

禅的正门

Zen:The Authentic Gate

[日] 山田耕云 著   龙 彦 译

当代中国出版社

Contemporary China Publishing House

版权合同登记号 图字：01-2018-4897

图书在版编目（CIP）数据

禅的正门/（日）山田耕云著；龙彦译 . -- 北京：
当代中国出版社，2022.10
书名原文：Zen: The Authentic Gate
ISBN 978-7-5154-1166-8

Ⅰ .①禅… Ⅱ .①山… ②龙… Ⅲ .①禅宗—研究—
日本 Ⅳ .① B946.5

中国版本图书馆 CIP 数据核字（2022）第 022847 号

出 版 人 冀祥德
责任编辑 隋 丹
责任校对 贾云华
印刷监制 刘艳平
装帧设计 乔智炜 鲁 娟
出版发行 当代中国出版社
地 址 北京市地安门西大街旌勇里 8 号
网 址 http://www.ddzg.net
邮政编码 100009
编 辑 部 （010）66572154
市 场 部 （010）66572281 66572157
印 刷 北京中科印刷有限公司
开 本 880 毫米 × 1230 毫米 1/32
印 张 12.375 印张 1 插页 181 千字
版 次 2022 年 10 月第 1 版
印 次 2022 年 10 月第 1 次印刷
定 价 78.00 元

版权所有，翻版必究；如有印装质量问题，请拨打（010）66572159 联系出版部调换。

目录

前言

与山田耕云（Kōun Yamada）禅师相遇之事，切实改变了我的一生，因而本文有些许个人经历之谈，一并奉与读者诸君。

1972 年，我住在檀香山，一边研读佛教典籍，一边探索开悟之道。一位朋友听说当地大学附近有家小型禅修中心，某晚便约了我同去那里坐禅。茶歇时，有人告诉我们，周末有位日本禅宗大师会来这里，为大家主持一场禅七①。我和朋友惊喜不已，忙问是否可以参加。"唔，应该还有几个名额……"

不幸的是——抑或，幸运的是——我和朋友都对"参禅"一无所知。我们猜测，这大概也与"坐

① 禅七指的是为期七天的坐禅活动。——译者注

禅"无异，只是多了位大师一起品茶和探索开悟之
道吧？

不想，那 7 天竟成了我人生中最艰难的一个星
期。当然，回想起来，那也是最美好的一个星期。
犹记得静修活动开始的第一晚，我一看到山田禅师
走进道场、走上圣坛时，就不由得心生念想：如果
禅修能让人有如此涵养，那我一定要参加。怀揣这
样的念头，我顺利地熬过了此后 7 天。

其他人虽未与我交流过这些想法，但我相信，
他们也一定有相似的感受。像我这般哲学出身的
人，围坐在一起谈论铃木大拙（D.T.Suzuki）和阿
兰·瓦兹（Alan Watts）都是家常便饭，但要真正实践
修行就得另当别论——尤其是要坐在垫上面壁数小
时——需要有更强烈的动力才行，而山田禅师恰恰
激发了我的动力。

第一次"参禅"后不久，我便读了菲利普·卡
普乐（Philip Kapleau）的《禅门三柱》（*The Three
Pillars of Zen*），书中详细介绍了山田禅师所授禅宗
之道。后来，山田成为三宝派（Sanbō Zen）的宗师。

不过，最有意思的是这本书最后的《当代开悟
经验谈》（*Contemporary Enlightenment Experiences*）。

第一篇经验谈的作者是"K.Y. 先生，日本商人"，他在火车上读到了道元（Dōgen）禅师在开悟后所写的话（引用了一段中国古语）："我明白了，山河大地，日月星辰，皆是心也。"那天夜里入睡后，K.Y. 先生突然醒来，脑海中最先想起了那段话：

> 我像是被闪电击中了一般，突然感觉天地崩溃消逝；旋即，一股狂烈的喜悦之情涌上心头，使我不禁大笑起来："哈，哈，哈，哈，哈，哈！毫无缘由，毫无缘由可言！哈，哈，哈！"广袤的天空被这笑声划破，一分为二，好似张开了"大嘴"，也大笑起来："哈，哈，哈！"

K.Y. 先生就是山田匡藏先生（Mr. Kyōzō Yamada），即山田禅师。

回想起来，我觉得这种"开悟"范例也可能使人更加困惑：这类戏剧性的故事会激发人"获得见悟"的期望，使禅修之道不再纯粹。不过，它也能警醒世人，开悟并非什么陈旧的象征，而是今人能切实获得的真谛。我们的眼界应放于更高的地方。

后来，我离开了夏威夷，不过仍与山田禅师

保持联系，还几度前往日本的三云禅堂（San'un Zendo）拜访他。再后来，他便邀请我搬到镰仓去，更专心地投入到禅修中来，潜心修习公案。而我在日本看到山田禅师的生活后，对他更为钦佩。他在日本并不是某个寺里的僧侣，而是一个普普通通的人，尽心照顾着自己的家庭，尽责管理着一家私人医院——他的妻子一惠（Kazue）是那里的主治医生。

他们夫妇二人都令人钦佩。要知道，此时随山田禅师修行的人越来越多，而其中大多还是从国外来的，为了容纳这些修行者，山田夫妇推倒了自家房子，腾出空地，建了一个禅堂。后来，又再次自费加盖了一层。他从未要求我们支付一分钱，只期望我们全身心地参禅。

即便是在年事已高后，山田禅师也仍然恪守严格的日程，几乎每天都往返东京，晚归后，还常常带领学生们练习独参。唯一拖垮了他的是一场意外——他在一次京都之行的途中重摔一跤，此后便卧床不起，一年后不幸离世。

在我心中，山田禅师就是真菩提萨埵的典范，他将永远是我的榜样，指引着我慈悲而无私地活着。我永远都将感激他，感激继承他精神的三宝禅宗。

同时，也感激这次机会，让我可以感谢《禅的正门》给予我的启示。如此清晰详尽的禅宗之道，我只有在这本书里才能读到。如今，这无价之宝的英译本能够出版，世界各地、世世代代的禅宗弟子将能受到它的启发与引导，实在妙哉。

大卫·R.洛伊（David R. Loy）

美国科罗拉多州，尼沃特

出版社致谢

由衷感谢赫尔希家族基金会（Hershey Family Foundation）对本书英译本出版的慷慨资助。

20世纪70年代和80年代间，一小群外国人为了追寻禅的真谛，来到了日本镰仓的三云禅堂，在山田耕云禅师的带领下修习禅道。山田禅师与他的妻子山田一惠博士热情地迎接了他们，并视他们为亲人一般，收为日本僧伽，带领他们修道，帮助他们成长。有些追寻者曾是基督教徒或犹太教徒，山田禅师便让他们继续修行自己所信仰的宗教，并不强求他们成为佛教徒。一天，有人问山田禅师，如何能与一位基督教徒一起修行禅宗之道。山田禅师回答："将你的问题搁置一旁，练习坐禅，你自会得到答案。"随着时光推移，很多时候再回想起这件事，更加感到他所言极是。山田禅师正是凭着自身经历，去接受所有来找他寻求指引的人。他坚信，禅宗修行一定能帮助这些人。

山田禅师所参悟的真谛让他发出了光芒。他是力量与慈悲的存在，能轻易自然地让那些认识他的人感受到敬重与热爱。他最大的愿望是帮助所有人通过审视自我、认知真我来获得内心的安宁。在这本书里，他阐释了各个种族、各个国家和各种信仰的人的本性是如何一致，并通过追随释迦牟尼佛（Shakyamuni Buddha）、进行禅宗修行来传授这样的理念。他坚信，我们最终一定能跨越那些将我们分离的差异，并在我们的内心深处和我们所生活的这个世界里，找到真正的安宁。

如今，西方国家盛行的禅宗主要源于两个派别：一是铃木俊隆（Shunryu Suzuki）的曹洞宗（Sōtō Zen）和旧金山禅修中心（San Francisco Zen Center）；一是以曹洞宗为基础，融合了临济宗（Rinzai Zen）的公案修行课的三宝派。例如罗伯特·艾特肯（Robert Aitken）和菲利普·卡普乐的禅修课以及前角博雄（Taizan Maezumi）的部分禅修课就是从三宝派衍生而来的。在西方国家，这些禅师的追随者数量与日俱增。1970 年至 1989 年，山田耕云成为了三宝派的宗师，由此，他对西方禅宗的影响变得更为巨大。

禅宗的这两支分流各有经典著作。铃木俊隆的《禅者的初心》（*Zen Mind, Beginner's Mind*，1970 年）是铃木禅师的演讲集；《禅的正门》是山田耕云自己的禅宗修行之道。我们希望这位 20 世纪禅宗大师的禅修心得，能启发和激励所有读者。

我们很荣幸能协助保罗·谢波德（Paul Shepherd）完成《禅的正门》英文版的翻译工作，我们坚信，这本书一定能帮助人们更深入地发现和认识人之共性，这样的共性将我们每个人联系起来，这样的共性就是禅宗思想的核心，是如今这个分崩离析的世界最珍贵的真谛。

琼·里克（Joan Rieck）、
亨利·舒可曼（Henry Shukman）
美国新墨西哥州

英文版序二

　　家父山田耕云禅师著作的英文版将以《禅的正门》之名出版，能读到这本书，我感到万分荣幸。这本书非比寻常，家父的禅修开悟体验可谓是现代禅宗史上的非凡传奇，而我有幸见证了他的开悟时刻。当时我只有 10 岁，父亲在隔壁房间传来大笑声，将我惊醒。声响很大，接连不断，我吓坏了，急忙过去。只见我母亲举着双手，准备捂住父亲的嘴巴。我又惊又怕，生怕父亲疯了。幸好，这只是他的开悟时刻。日后，我更是受他开悟的影响，在他的引导下，经过 25 年的禅宗修行，终得继承他的衣钵。

禅是什么？简单来说，禅就是一种修行，人们通过参与修行来发现真实的自己，并在日复一日的生活中修整所发现的自己。而这种发现，便发生于我们所谓的"开悟"之时。佛教与禅就是印度的释迦牟尼佛在 2500 年前在自我发现的体验中获得证悟而开启的。释迦牟尼没有留下任何文书，但他的发现之路被他的信徒世代传颂，而他们也都收获了证悟体验。佛经中阐释和描述的便是释迦牟尼的证悟体会，后人根据他最开始提出的法则整理、书写而成。如今，西方国家对禅宗和佛教的兴趣渐浓，当代作者也因此出版了许多英文版图书。至于本书，我认为其特别之处在于作者的非凡经历。我相信，它一定能为寻求禅宗真理的人领航和导向，并将为禅宗文献作出持久贡献。父亲著成此书，让我引以为傲，希望有朝一日这本书也能成为禅宗经典。

此英文版的顺利出版要归功于四位重要人物：保罗·谢波德、琼·里克、亨利·舒可曼和佐藤见学（Migaku Sato）。保罗完成了翻译初稿，琼和亨利对初稿进行了编校和润色，使文字更贴合禅宗本义，而这，正是当今世界所急缺的。在这个过程中，他们对手稿进行了简缩，对于和禅宗基础没有直接关联的原文进行了删减。因此，相较于日文原版，英译版更加精简易懂。佐藤见学对照日文原版逐句核校了英译文，确保译文忠于山田禅师的原意。值得一提的是，以上四位皆是三宝派的禅宗大师，都经历了20多年的禅宗修行。借此机会，我由衷地感谢他们的努力与热心，使本书能呈现在英文读者面前。

山田凌云（山田匡道）

（Ryōun-ken Masamichi Yamada）

日文版作者序

几年来，我以《致平信徒的禅宗引介》（*An Introduction to Zen for Laypeople*）为题写了一系列文章，发表于三宝派的双月刊《觉醒功》（*Awakening Gong*）上。就在我完成系列文章后不久，春秋社的先生上田龙一（Ryūichi Kanda）前来寻求授权，要将这些文章以图书形式出版。我很高兴地授权了，1980年5月，这本书便以《禅的正门》（*Zen: The Authentic Gate*）之名出版了。

　　随后，这本书由保罗·谢波德翻译成英文，由罗塞林·斯通博士（Dr. Roselyn Stone）进行编辑，两位都是我居于日本时的长期弟子。原作的部分内容已被删除，尤其是与 20 世纪 70 年代的日本时代事件相关的内容；另外也增加了部分内容，专门为非日语读者答疑，例如禅宗与非佛宗教的关系。除此之外，还融入了一些我对于之前在讲座中所谈及的事物的更深层次的领悟。

　　希望这本书能真正地引导全世界渴求寻得心境平和的人，也希望它能启迪那些在禅宗修行之路上的人。更希望这本书能为禅宗和佛教发声，一改以往图书对其探讨的不完整性。

　　由衷感谢诸多人士：感谢保罗·谢波德和罗塞林·斯通博士倾尽全力翻译和编辑《禅的正门》，感谢我的外国学生引荐英译本，感谢罗伯特和玛格丽特·津田（Margaret Tsuda）细致阅读了原始手稿，感谢所有慷慨协助翻译本书出版的人。最后，特别感谢我的妻子一惠，感谢她自始至终给予我的支持和力量。

山田耕云

1983 年于日本镰仓

第一章

苦难与现代人

人之苦难

当我们思考现代人的苦难时，不妨想想 2000 多年前的释迦牟尼佛如何离开家乡，寻求真谛，以期从"人生四难"——生、老、病、死中解脱。苦难并非其时独有，人生处处是难。佛语将世界称为"娑婆"，即"堪忍世界"，或"忍辱之地"。我们的世界可看作是一段磨难历程，而我们从出生到产生意识，再到进入坟墓，处处面临无止尽的难题，于内受尽数不清的情欲之苦，在外饱受严寒、酷暑、战争与饥荒之难。古语有云：

行路难，

行路难，

君自看！

如今，我们生活在比佛陀时代更加复杂的环境里，成日忧心如何上好学校、找好工作、谋好活路，同时，还要面对交通拥堵、噪音污染、空气与水资源破坏等问题，面对可能由此而引发的高血压、癌症和战争的恐惧。灾难一个接着一个，让我们喘不过气。我们为了生存，正经历前所未有的斗争，甚至不得不紧紧抓住那些要求我们克制和否定自己的文化期待。我们就这样生活着，受尽恐惧的困扰。

　　除此之外，我们还因为自身的物质条件而遭受苦难。虽然在现代工业国家，贫困现象已不像从前那样严重，但人们对于生活的焦虑却从未减轻。工薪阶层每天都被各种需求压得喘不过气来。尽管科学技术日趋先进，与之相适应，经济也日渐发展，但现代人对于物质生活的共同焦虑却一如既往地变得更大。无论我们的物质条件变得如何，精神苦难的深渊总是存在。著名作家芥川龙之介（Akutagawa Ryūnosuke）自杀前，在遗言里曾这样写道："我被一种说不清、道不明的焦虑折磨着。"世间并非只有芥川感受到"说不清、道不明的焦虑"。这种精神焦虑在各个年龄段、各种文化里一直存在，大概可以称之为人类的命运。

　　在禅宗经典《无门关》中，有一则叫作《达摩安心》的公案：

达摩面壁。二祖立雪断臂云："弟子心未安，乞师安心。"

摩云："将心来，与汝安。"

祖云："觅心了不可得。"

摩云："为汝安心竟！"

这则公案里蕴藏着能让我们从苦难中解脱的要领。我们在听禅宗大师讲授这则禅宗公案时，如果能抛去先入之见和各种观念，可能就会立即顿悟这一要领。我会在今后慢慢讨论这个话题，在此不多赘述，只是想借此强调，焦虑一直都在我们身边。在上述公案中，二祖慧可大师也为焦虑所困，但他听到菩提达摩（Bodhidharma）的话后，便根除了苦恼，获得了自由。他的焦虑显然不是他所独有，这种焦虑存在于整个人类历史之中。

人生可谓是各种苦难与焦虑的大舞台。但我们大部分人都没有强烈地想要面对眼前的焦虑，相反，我们总是试图逃避它，总想通过酒精、游戏、赌博等，通过灯红酒绿的大街和街上喧闹的音乐，暂时逃往外部世界。

然而，暂时的感官麻痹永远不能解决精神上的焦虑。这样的焦虑无边无界，是永不见底的深坑。当我们从醉意中醒来时，仍然饱受同样的孤独与空虚的困扰，并且找寻不到能填补这种空虚的东西。中国著名诗人李白就写过这样的诗句：

> 抽刀断水水更流，
> 举杯消愁愁更愁。

同样地，当我们寻找更强烈的刺激时，内在的空虚感可能会转变成虚无主义的态度，让我们感觉人生毫无意义。

忽视死亡

现代人的一大通病就是否认死亡。除了那些正面临死亡的人之外——比如身患不治之症的人——我们大部分人都忽视死亡，没有将它当作确定而紧迫的现实。也许我们自古以来都在想方设法避免死亡，但在如今这个快节奏的世界里，我们深陷于琐碎的生活日常，几乎没有时间来思考死亡。我们能在内心的某个深处意识到我们都将死亡，却无法真切地想象我们将在哪一刻从地球上消失得无影无踪。

> 死亡从来都是他人的事；
> 怎料我会与他人一样！

丰臣秀吉（Toyotomi Hideyoshi）最得意的谋士曾吕利新左卫门（Sorori Shinzaemon）写过这样的诙谐诗，恰到好处地讽刺了我们缺乏对死亡的意识。在我们的日常生活里，每一个行为背后都有着某种目标，但我们如此盲目冲动地追求某个感官的眼前目标，会不会只是想避免死亡？

那些担任领导角色的人，尤其是在政府和财政机构里的人，他们日理万机，很少有时间去思考人生，去面对自己的死亡，但死亡却随着分秒的消逝而无情地步步逼近。他们也许意识到了工作是有去无返的单程船，却总认为生死都是别人要考虑的事。而当他们最终死去时，无论多么丰厚、多么壮丽的葬礼都变得毫无意义。

在人类有记录的 5000 多年文明里，各个帝国崛起又衰落，每个时代的英雄都以自己的方式在历史上留下印迹。但在不到 1000 年的时间里，他们的丰功伟绩都烟消云散了，亚历山大大帝（Alexander the Great）、恺撒（Caesar）和丰臣秀吉皆如此。从永恒的视角来看，人类的所有成就加起来都不值一提。那么，我们如此努力的意义究竟为何？《金刚经》（*Diamond Sutra*）里这样解释：

> 一切有为法，
>
> 如梦幻泡影，
>
> 如露亦如电，
>
> 应作如是观。

我们要感谢那些生活目标坚定、夜以继日地工作的人，他们的努力也许不仅帮助了自己的家庭，更帮助着整个国家。然而，无论他们的工作多么崇高，无论他们付出了多少努力，如果没有以死亡作为砝码，我们也无法确定这些工作和努力究竟价值多少。

现代道德

困扰着现代人的另一种疾病便是道德的丧失。

我永远都忘不了著名教育家、庆应义塾大学已故校长小泉信三（Koizumi Shinzō）的一次讲座，题目是《现代道德问题》（*The Problem of Morality in Modern Times*），其中有一部分大意如下：

> 如果我有机会在运动训练营这样的活动中监管一群学生，与他们在一起生活几天的话，我一定会给予他们几条忠告，比如："永远不要说谎，时刻坦诚相待。不遗余力寻找真理。"
>
> 不过，如果有学生告诉我，他不打算遵从我的叮嘱，或者没有注意听我在说什么，那么，我就不能因为这些事是好的、正确的或必要的而坚决要求他这样做。我不能跟他说，他应当这样做，因为这些将使他完成家庭职责；或者，这样做他将能够维护社会基本结构；又或者，他应当这样做，因为这些事情本身是好事。如果我们要寻找不同年龄和不同文明中的哲学，我们就不能以任何坚实的理由这样说。

听了他的话，我惊讶不已，心想："这真的是小泉信三吗？是皇室教师，是那个在教育界颇有声望的人物吗？"他的话在我听来更像一种不可知相对论。但没多久，我又听说，小泉教授在发表这段演讲前不久刚接受了基督教洗礼。我仔细想了想，虽然他没有当众这样说，但他心里肯定认为，仅仅依靠哲学是找不到道德的基础的。

> 永远不要说谎，时刻坦诚相待。
> 不遗余力寻找真理。
> 不杀害鲜活的生命。
> 孝敬父母。

这些都是美好的观点。但我们只有把道德的基础找回来，才能传递这些美好。

现代社会道德衰退的现象并不局限于日本，它是世界许多地区都应该关注的事情——尤其是北美和欧洲。日本在武士时代一直将本土儒学思想作为道德核心。第二次世界大战之后，这种道德基础渐渐失去影响力，但也没有兴起什么思想将它替代。如今，日本人在养育孩子时就缺少道德立场，在教授学生时也缺少指导原则。然而，和平与秩序是建立在真正的道德基础上的，这也是人类存在的基础。

没有了它们，人类将永远无法得到真正的幸福。

日本战后的宪法将个人权利和尊严归为基本原则。不过，无论是宪法专家，还是其他法律专家，都没有过多解释为什么一个人拥有这样的权利，而是将它当作一个不言而喻的真相。宪法规定，最基本的个人权利是自由：人身自由、言语自由、信仰自由、迁居自由。相较于如此强调权利的宪法，明治时期的宪法则以责任为基本构架。因而，当宪法的重点转至权利后，人们就产生了一种幻觉，认为基本权利是建立在相关责任之外的。

对个人尊严的认识也成为个人平等原则的基础。平等就是法律面前人人平等：所有个人都受到法律的平等对待，禁止存在任何歧视。

过去，关系秩序不是从法律中来，而是从传统道德中来。

宪法宣布法律面前人人平等，而这样却"侵占"了道德的领土。孩子们会认为自己有权利拒绝遵从长辈的教诲。我们宣称学生与老师相互平等，于是学生就敢肆意辱骂老师，甚至"私设法庭"谴责老师。

个人的神圣不可侵犯性和平等性实际上是同一事物的两个方面。在此，为了便于解释而将它们分开讲。那么，它们的基础是什么？这个"同一事物"是什么？人类在法律面前为什么神圣不可侵犯，为什么平等？

　　这个基础显然不会是宪法本身。我们神圣不可侵犯，我们相互平等，并非因为宪法如此宣布，而是因为我们需要说明这种神圣不可侵犯和平等的现实。否则，宪法里的自由和平等就只是空泛的概念，是凭借人类智慧而编造的。在后续章节中，我将尝试释义禅宗精神，并解析它是如何说明和建立我们的神圣不可侵犯性与平等性基础的。

第二章

禅观

信仰型宗教与经验型宗教

　　日本的妈妈们为了制止调皮的孩子，常常会说"你不听话，鬼会来抓你的"，或者"人贩子会把你抓走"，我自己小时候就经常被这样吓唬。信仰型宗教用特定的意象和观念来引导人们，而经验型宗教则教人心境平和地明辨现实是非，从而消灭恐惧：

　　　　我见到的鬼

　　　　不过是枯萎的蒲苇。

　　宗教生活可分为五个阶段：信仰、理解、修行、觉醒、践行（见表1）。根据这种分法，我们可以将信仰型宗教看作信仰和理解阶段，而经验型宗教则是修行、觉醒和践行阶段。

表1　信仰型宗教与经验型宗教

信仰	信仰型宗教
理解	

修行	
觉醒	经验型宗教
践行	

"修行"在这里指的是自我训练，"觉醒"就是获得醒悟，而"践行"就是将觉悟所得实践于日常生活。用禅语说，就是我们个人获得觉悟后，在日常生活的每一刻中实践这些觉悟。

禅宗佛教是典型的经验型宗教。我常常说禅不是宗教，但如果宗教的使命就是救赎的话，禅就是一种宗教。不过，禅与信仰型宗教不同，它不将概念和信念作为理解真谛的方式。相反，它的目标是帮助我们发现现实，并找寻基于这种现实的平和心境。现实，就是我们真实的样子，即我们的真实自我。我们发现真实的自己时，就是在经历平和心境，此后日复一日都将生活于无限安宁和完全满足之中。待到那时，我们还需要什么呢？

在我看来，世界上没有宗教信仰的人正变得越来越多。人们放弃信仰，正是从信仰型宗教转向经验型宗教的一种现象。人们不再相信那些腐旧的概念，认为客观世界本身就是真实世界，而自然科学则是寻找真相的唯一途径。唯物主义也许就是这种思想的结果，但现实主义就是对我们的真实人性毫不知情而产生的谬论。

人们逐渐认为，没有什么是科学世界不能探知的，甚至不认为自己的真实本性能被探知或经历，更不认为心境平和能通过探索而得。禅宗坚持通过经历经验去理解现实，而不是通过信仰，并且，它能提供一定的方式帮助我们认识真实的自己，所以，它能促进我们向经验型宗教的完全转变。最令我感激的是禅宗修行的实质性和系统性。有时，我感觉在日本保留至今的禅宗修行就是能让日本在全世界引以为傲的独特文化。

空一共性

没有悟，就没有禅。这不单单是我的感触。事实上，道元禅师、白隐（Hakuin）禅师以及佛教史上的所有禅宗祖师都认为如此。由此，我们不禁要问，什么是悟？如何开悟？

简言之，悟就是意识到主体与客体皆为空，亦皆为一，而这种"空一"无非就是不断变化的形式之现象世界。也就是说，现实存在是"空"的一个部分，而另一个部分就是形式之现象世界，它不断地随着因果法则出现和消失不见。

普通常识只认识物质世界：只认识能被客观评价、测量和学习的现象世界，并将其当作唯一存在的世界。因此，我们可以将现象世界定义为科学调查的客体。不过，哲学却能认识到在此之外的真实"本质"。在禅语中，为了方便表述，我们用"本质世界"这个词来表示"空一"世界，但这个词与哲学中本质世界的概念是截然不同的。有些人也许会将哲学的"本质世界"和禅宗的"本质世界"看作同一事物，但哲学的"本质"世界是可以从智慧上到达的，而禅宗的"空一"世界则只能通过直接经验获得。

体验禅宗的本质世界就像是寻找自己的面庞，或者，更直接地讲，是用你自己的眼睛去寻找自己的眼睛。眼睛本身不能成为观看的客体，因此，眼睛不能成为你的调查对象。本质世界也因此只能通过内在体验获得。这便是"个人觉悟"，也就是"开悟"或"寻得真实天性"。

我常用这样一个例子来解释这种觉悟。我的身体包含左手、右手、一张脸、一个躯干，等等，所有这些都能被分别观察。如果我扯下一根头发，挤出一滴血，将它们排列放好，那么，我将看到的是一个黑色固体和一滴红色液体，彼此间千差万别、毫无关联。但我的头发和我的血液拥有的是相同的生命——我的生命，它们根源同一。从身体的角度来说，没有左右之分，也没有头、躯干、头发或血液，所有这些都是同一个生命，从生命的角度来说，身体便是同一。生命本身没有形式、颜色或重量，它是完全空无的，但它又与我的身体是同一的。所以，生命便是空，生命（身体）便是色。

禅宗里的开悟便是认识到世间万物都拥有相同的关联性。我们的本质世界就像一片汪洋大海，无论是大战舰，还是小帆船，任何船只都可以在这个大海上自由漂流。我们也可以说，本质世界就像广袤无垠的外太空，在这片广袤的空间里，大地、山川、河流、太阳、月亮、星星和其他行星和谐共存，鸟儿和飞机无论体型大小都可以自由地在天空中翱翔。

在今天的世界里，我们能识别许多二元对立的形式：国家之间的利益矛盾、经济矛盾、智力与情绪矛盾、种族与宗教矛盾，等等。只要这些对立存在，就不可能出现真正的和谐，就好像我们将水倒进壶中，一边倾尽全力想让它冷却，一边又不停地在壶底加热。我们只有相互理解，哪怕秉持不同见解也能设身处地理解对方，彼此才可能和平共处。

在所有的对立形式中，那些源于宗教的对立似乎最为根深蒂固。无论我们多么努力地呼吁，只要宗教之间斗争不断，和平就永远不会到来。人类的天性——"空一"本质——便是佛教的基本缘起。理解这一点，便能开启一片共同天地，为世界各地的宗教所共享。万物合一，无主客观之别，但这种统一，只有在主观与客观为空的前提下，才有可能实现。这种空无所带来的共同基础正是我们这个世界所急需的。

认识自己的真实天性并不是一种宗教崇拜行为。禅宗修行也并不是要放弃自己的宗教或是皈依佛教才能做的事。领悟自己的真实天性，是每个人固有的权利。虽然大多数佛教教派都被当作宗教，但禅宗不尽相同。尽管佛教教派繁多，但各派别都将自我实现视为核心。而又鉴于禅宗修行仅专注于自我实现，可以说，禅宗就是佛教的核心。其他教派的理论与法则，就好似风格与色彩各异的服饰，装饰着核心。但领悟真实自我既不是理论，也不是法则，而只是一种事实——一种像品茶一样的体验事实。无论是佛教徒，还是基督徒，品茶的体验都是一样的。

无论人们拥有怎样特殊的信仰，在某种条件下，所有人都会给出相同的认知反应。禅宗的开悟修行就是如此。我们可以将它比作台球桌上的台球的移动：无论什么颜色的台球，在相同的位置被相同的力量从相同的角度击中后，就会朝着相同的路线移动。

那么，促使我们意识醒悟的条件是什么呢？无论是一呼一吸地打坐，还是修习公案，我们的注意力都是单一集中的，然后我们就会忘了自己。如果我们总是将注意力集中在外部对象上，就像总去瞄准箭的靶心一样，那么，无论我们多么努力地集中注意力，都不可能获得禅修体验。在禅宗修行中，意识必须全部集中于内在。

通过禅宗修行所获得的不是思想，不是哲学，也不是宗教，而是事实。仅此而已。奇妙之处在于，这种事实拥有一种力量，能将我们从痛苦的世界里解放，从苦难所带来的焦虑里解放。没有人知道为什么它有如此神奇的力量。但它就是有。仅此而已，无需任何阐释与信仰。这样的事实应该被称为宗教吗？我认为无需。这样的事实被称为"开悟""醒悟"或者"启迪"，与之相伴的，是心灵的无比安详。

所以，我们的共同基础——"空"世界——是一种最庄严的事实，而非智慧的产物。我最大的愿望就是能将这空无世界分享与那些位高权重的人——政治家、富豪、金融家、经理、劳动领袖、学者、艺术家、宗教领袖——并希望他们能通过修行体验来理解它，而不是靠思想去理解。也许，这就是超越"你我"二元对立，并带给世界真正和平的最快方式。

生死难题

佛教的要旨是解决生死难题——也就是说，要回答"我从哪来，要到哪去？"如果佛教不能从根本上彻底、完全、不留一丝质疑地解决这个难题，那么，我们就可以说它毫无精神效力，毫无存在的理由。道元禅师曾说，"阐明生死是佛教的重心。""阐明"与信仰不同，它指的是看清事物的本来。

如果真是如此，那么第二个问题就来了：当我们获得启迪，清晰地看到生死时，它们究竟是以什么样的形式展现在我们面前的呢？它们的真实形式是怎样的呢？答案是：生与死都是一片空无，它们的形式就是毫无形式。说得再具体一点就是，我们的意识和身体都是一片空无。

诚如拔队得胜禅师（Bassui Tokushō Zenji）所言：

> 如果你想从生死之难中求得解脱，就必须学习直接成佛之路。而这，无异于自我意识的觉醒。那么，这种意识又是什么呢？是所有有意识的人的真实本性，是在我们及我们的父母出生之前就存在的，是现在也存在的，是不可改变又将永恒的。因此，它被称为是"在先人出生之前就存在的一面"。这种意识本质纯朴，它不是在我们出生时创造的，也不会在我们死去时就消逝。它没有男女之别，也没有好恶之分。没有什么东西能将它比拟，它被称为"佛性"。

"佛性"只是意识空无本性的一个名号而已，它"不是在我们出生时创造的，也不会在我们死去时消逝。"简言之，我们必须直接审视自己的本性。当我们清晰地看到自己的天性本质空无时，生死难题的迷雾便会消散。相信总有一刻，你会开心地跺脚，并大声喊道："佛陀和禅宗大师没有骗我！"

你明白我说的了吗？还不明白？那么，送你一句永嘉大师的金言吧：

未了吾今为君诀！

第三章

禅宗救世法则

禅是宗教吗？

于佛教徒而言，释迦牟尼佛的证悟体验就是奔涌向前的佛法教育长河的源头。佛陀的证悟体验在佛教传说中广为传播，并为世代师徒所熟知。当佛陀将心法传递给第一位禅宗先师大迦叶（Mahakashyapa）时，他认可这位徒弟获得了开悟。此后，禅宗先师们便一个接一个地以同样的方式获得了开悟。

这种相互认可的开悟体验被称为"教外直传"，并构成了佛法的伟大源泉，于是，佛法的禅修之道便被称为"本源之教"，日语为"宗教（shūkyō）"。其中，"宗"意为"源头"或"根本"，"教"则是"教育"的意思。"shūkyō"常被翻译为英语"religion（宗教）"，但它的字面意思其实是"本源之教"。

几则禅宗公案中都使用了"宗教"这个词来表示"本源之教"。如《碧岩录》第五则《雪峰粟粒》："大凡扶竖宗教，须是英灵底汉。"或圆悟克勤对此的评注："若扶竖宗教，续佛寿命，所以吐一言半句，自然坐断天下人舌头。"以及第十则对《睦州掠虚汉》的评注："大凡扶竖宗教，须是有本分宗师眼目，有本分宗师作用。"不过，这些"宗教"所指并非广义上的宗教，而仅仅是佛法中的禅宗修行之道——能明辨禅修静虑（坐禅）本质的教育：本源之教。

虽然从严格意义上说，"宗教"一词源于佛教，但随着时间推移，日本人逐渐从更广的含义上使用这个词，用它来指代普通宗教。到了 19 世纪中叶，随着明治维新的影响，西方思想和文化迅速被日本吸纳，而日语"shūkyō"与英语"religion"的概念也开始模糊起来。那个时代的翻译官无意中将"religion"翻译成了"shūkyō"。这样的错误成功混淆了两者的概念，"shūkyō"这个曾经专门用以指代禅修之道的词，便成了英语里的"religion"，宽泛地指代所有信仰了。所以，如果有人问禅是否就是普通概念里的一种宗教，我们会回答，"非也"。

何谓救世？

虽然禅道与其他信仰同被归为"宗教"，但从人类救世观的角度来看，它有别于其他宗教。例如基

督教的救世法则是"上帝之爱"。上帝无所不知、无
所不能，是宇宙的开创者，他超越于自己所创造的
生灵之上，但又无条件地关怀着这些生灵，并向他
们伸出真爱之手。那些信仰他并握住了那只手的人，
便会被救赎。当然，其中还有许多关于上帝和救赎
的错综复杂的神学观，我们不在此讨论，我只想说，
我能够正确地理解什么是上帝的真爱救赎一切。只
要我们相信了上帝会无条件地救赎，并握住他的手，
那么我们就不会再遭受苦难与不幸。

不过，若想理解禅的救世法则，就不要去思考
上帝的力量，而是思考我们的身份的基本问题。人
是什么？"人类"这个整体又是什么？西方思想关
于这个古老的问题有许多答案：人类是由泥土创造
的，身负原罪；人是由身体和灵魂组成的生灵；或
者，有如笛卡尔（Descartes）所言："我思，故我在。"
但禅宗给出了不一样的答案，它明确地指出，人类
本身是一种完全、完整、无限而绝对的存在。禅宗
宗旨并非是通过思考的智慧认识这一情形，而是通
过身体力行。人类所有的焦虑和所有的苦楚都源于
一个悖论：人本性完美，却出现在一个不完美的现
象世界里，处处受限，错综相连，平凡无奇，且总

是问题不断，丝毫没有察觉到自己的真实本性。我们所有的痛苦都是因为那完美而无限的本性，它暴露于现象世界之中，又努力否定着那不完美而受束缚的自我。所有的努力、斗争和进步都是本质世界自我揭示的行动。

我们总认为自己是有瑕疵、受束缚又纠缠不清的存在，当我们醒悟并探寻到自己的本性，发现了真实的自我，并毫不质疑地接受这个现实后，所有的焦虑与苦楚就会烟消云散。那一刻的欢愉是无法用语言描述的。但与此同时，我们也必须明白一个重点：单凭理解他人对于本质的阐释，是永远无法认识我们真实本性的。我们必须在实际体验中去遇见本性，亲身体会它的真实。否则它将永远无法带领我们进入真正的平和状态。

条条开悟经验、佛教教义和哲学道理不过只是对所体验内容的描述而已，是裹在真实体验之外的概念衣裳。如果将开悟体验比作药品，那么无数次这样的体验就好比药力测试证明。毋庸置疑，药品和药力测试完全是两码事。经验从体验中来，但体验绝非经验的结果。无论我们多少次阅读一种药品的药效说明，这种药品都不会起效，除非我们服用它。同理，最快、最直接的开悟体验便是坐禅修习。我们必须时刻将这一点谨记在心。

拔队得胜是一名伟大的日本禅师，也是山梨县（Koshu）向岳寺（Kōgoku temple）的创始人，他这样阐释佛教的救世法则：

> 试想，一个孩子依偎在父母身旁熟睡，却梦见自己被人毒打。可无论孩子正遭遇着怎样的痛苦，他的父母都无法为他提供帮助，因为任何人都无法进入别人的梦境。如果这个孩子能够醒来，那自然就能从这痛苦中解脱。同理，一个人如果能认识到心就是佛，也就能让自己立即从无休止的生死循环所带来的苦楚中解脱（出自《拔队法语》）。

《妙法莲华经》（Lotus Sutra）中有一则富家之子的寓言，也正说明了这个道理。我在此引用一位禅师在白隐禅师的《坐禅和赞》（Song in Praise of Zazen）中的述文：

> 有一富人（即佛陀），其有一独子（佛陀独

子便是凡人）。富人穷尽苦心让其子在爱的氛围（佛教教义）中成长。但其子完全忽视富人之爱，逃离了家乡（走向迷茫的第一步）。富人悲痛不已，千方百计（佛教善教）想将其子找回。但其子游荡各国，乃至最后忘记了自己是富人之子。

一日，他来到富人家，却未认出这是自家，竟叩门乞求残羹剩饭。富人见到他，欣喜若狂，急忙命仆人将他带进屋（讲述大乘佛教的教义）。但富人之子却不明真相，误以为自己被当成了盗贼（就好像我们明明听到了佛教的真谛，却仍然坚守那些肤浅的教义），惊慌逃跑。富人见状，才意识到，他的儿子还没有准备好接受真相（即我们于本质上都是觉醒着的）。于是，他便吩咐仆人给这孩子安排个差事，帮忙打扫房子。孩子同意留下来，当了一段时间仆人之后，他步步高升，职责越来越多，责任心越来越强，并升为主要的仆人（终于相信了大乘佛教的救世法则，并获得开悟）。最终，他继承了他父亲的财产（接受了转变，继承达摩法脉）。

换言之，即便我们都是世界上最富裕的人，也依然认为自己是不幸的乞讨者，历尽痛苦与磨难。其实，我们于内在都有一种佛陀本性，完美无缺。我们，其实就是佛陀。是迷茫，让我们的佛性无法显示自己的光芒。如此情形，真是可怜呐！但只要我们能唤醒真实的本性，自然就能获得内心的平和，所有的苦楚自当消失不见。这，便是真正的救世法则。

二元观与非二元观

我们都能了解到西方思想与东方思想的基本差异，这些差异不仅表现在艺术上，在文化的各个方面都存在，包括自然科学和宗教信仰。西方精神强调客观导向，将外在世界置于对立面，作为追求和调查的对象。这种对客观目标的追求在对物质世界的调查过程中难免触及极限，其追求成果最终促使现代科学的进步。与之相反，东方精神更专注于内在静虑的光芒，专注于朝向心灵本身的沉思，专注于人的认知和情感之所在。

西方哲学将意识的现象产物当作审视的目标，用自然科学的设想和方法去审视精神现象。西方思想的基本体系以主观与客观这样的二元对立面的存在为基础。相反，东方思想则是通过静虑去获取主观、理解主观的直接体验，其中毫无主观与客观的二元逻辑框架。这种无需依赖思想而获得直接经验的静虑方法可解释为，"一超直入如来地"。这便是禅宗之道，也是禅宗为何被当作纯粹法则的原因，是主观证实主观、意识证实意识、自我证实自我的法则。

诚如道元禅师所述：

> 所谓学佛道者，即学自己也。学自己者，即忘自己也。忘自己者，为万法所证也。为万法所证者，即令自己之身心及他人之身心脱落也。若有悟迹休歇，即令休歇之悟亦长长流出。（出自《正法眼藏》之《现成公案》）

佛教的功劳只不过是让我们辨明了身份。倘若我们还有一个自我与外在世界相对立，那么我们就无法遇见真我。只有当自己及他人的身心都消散以后，我们才能真正地见到自我及他人的真实本性。临济禅师将此称为"自我与他人均被窃"。永嘉大师则言：

证实相，

无人法，

刹那灭却阿鼻业。

于许多西方普通人而言，主观与客观的差异是世界的基本构成，而世界则是不可知的"一个事物"。即便是谈及绝无仅有的上帝，也是护佑其子民的一种存在。创造者与被创造者之别是不可超越的。相反，在亚洲，即便是在佛教圈层之外，人们对于完整生命的表述也是相同的："一叶知秋""万法归一""一即一切，一切即一""天地与我并生，万物与我为一"。

现象学创始人埃德蒙德·胡塞尔（Edmund Husserl）（1859—1938）提出了人类意识分为两面的假设：第一面是意向对象，是能被主观理解的客观世界；第二面是意向活动，是将自己呈现于客观世界的主观方面——换言之，理解力变成了功能。在逻辑结构中，意向活动一般是主语，且永远不会成为谓语；相反，意向对象永远是谓语，但永远不会是主语。

人的意识可以无止境地宾格化。例如，在"这朵花是红色的"这句话中，"这朵花"就是存在于主语之外的宾语，主语决定了这朵花"是红色的"。但"这朵花是红色的"这句评价也可以宾格化，只要说"'这朵花是红色的'这种说法是错误的"，就产生了第二层评价。如此，"这朵花是红色的"就变成了主语，而"是错误的"就变成了新的谓语。这样下去，意识就可以无止境地宾格化，但最终总有一个元素是没有变成宾格的。这个剩余元素永远是主语，永远不会是宾语，它就是那个"永恒主语"。

于胡塞尔而言，意向对象和意向活动都是理解力的产物，是人类意识的两方面。如果用禅宗的视角来审视这些观点，来理解"万物与我为一"和"意识与事物同一"的世界，那么，意向对象和意向活动就可以看作是同一个"一"的两个方面。实际上，意向对象就是意向活动，意向活动就是意向对象。东方思想认为，只有直接体验才能理解这种"同一"。即便我们努力希望通过智慧来理解"同一"，但我们永远无法理解真正的意向活动，它将永远只是一个没有具体内容的意识想象。好在人类的救世法则不依赖于意向对象，不依赖于客观世界，而依赖于意向活动，依赖于主观体验。

无论自然科学在客观世界里能有多大发展，无论它能让我们到达多么遥远的星系，无论它的成就多么辉煌，都永远不是救赎人类的途径。即便先进的医疗科学能扫除癌症祸患，它们也无法回答生与死这个难解之谜。如果我们连这个星球的救世之道都找不到，去别的星球又有什么意义呢？

有一则禅宗公案是这样说的："无边刹境，自他不隔于毫端。"这句话指明了空间的虚无。作为一则公案，它可以引发这个事实的直接体验。但空间与时间都只是概念，它们都不是实际存在。如果你不能获得救赎，那么无论你到达何处，都无法抵达真相终点。当我们完全觉醒后，我们才能意识到自己的本性。这便是对我们真实面貌的揭示，是禅宗修行的终极目标。但还有一个非常重要的问题：这样的体验何以能够拯救我们？要回答这个问题，我们就要先回到"什么是开悟"和"如何开悟"的问题上来。

禅悟

在之前的第一部分里，我解释了为何自认为不够完美、处处受限又平凡无奇的人类能够觉醒，能认识自己完全、完整、无限而绝对的真实本性。当我们清楚地认识了自己之后，所有的恐惧与苦难便会烟消云散。无论一个人受到多少佛教的浸礼，只要他缺乏这种基本的觉醒体验，就永远无法进入禅宗的世界。每个人觉醒的深度与力度不一，但如果没有某些意识体验，一个人是无法真正理解禅宗的一言一语的。

当我说我们都是完全、完整、无限而绝对的存在时，我所表达的是什么意思？换言之，禅悟的内容是什么？简言之，禅悟就是觉醒，认识到人空和法空，即主观与客观的"空"。在这里，"空"是什么意思？集萃六百章的《大品般若经》的《心经》开篇这样描述"空"：

> 观自在菩萨，行深般若波罗蜜多时，照见五蕴皆空，度一切苦厄。

"观自在菩萨（Avalokitesvara）"即"观音"，是慈悲菩萨，拯救人类免于苦难；"五蕴"即色、受、想、行、识，是组成整个现象世界的物质和精神元素;"般若"即认识万物本源的终极智慧。观音为人类缓解苦楚的基础便是整个现象世界都为空,而清晰地认识这一基础便是修行般若。《心经》又言:

> 色不异空,空不异色。
> 色即是空,空即是色。

"空"可视为区别佛教与其他宗教的关键。但"空"也必须是直接体验的。世间所有的阐释永远都不可能从表达"空"开始,我们必须亲历空。下面,我就为大家简述一下"空"。

空

禅语里的"空"所表达的既不是虚无主义也不是真空,"空"绝非空无一物的意思。即便是"万法皆空"或"本来无一物"这样的表达,也并非指万物完全空无。如果要我来解释空,我会说,它并非依赖五蕴,而是超越了五蕴。若非如此,"色不异空"就不能反过来说成"空不异色"了。

我们常认为自己独立于外在世界,并相信"我"

的存在，相信"我"向外观望世界、观察相互关联的人与自然。换言之，我们自以为是观察世界的主体，也是被观察的客体。我们认为，作为主体能听、能嗅、能触摸，而作为客体，能够被听、被嗅、被触摸。当我们明确了主体为观察者时，实际上就已经将这个主体概念化、宾格化了，它已经不再是一个真正的主体。用胡塞尔的术语来说，它已经变成了意向对象，而不再是意向活动了。真正的主体是"我自己"，是纯粹或绝对的主体。不过，一旦我们给它冠以这样的名号，"我"又变成了这句话的宾语，又不再担任主语了。

人空

　　禅宗思想将自我反省的领悟推向内在，继续追问，"我是谁？"禅宗的真谛便是寻找无限而绝对的主体，即真我。我可以看见我的手和脚；我可以看见镜子里面我的脸和头，也能用双手感受它们的存在。实际上，五蕴之中有一种或几种能让我理解"我的"东西。但"我的"又是怎么回事呢？或者，更确切地说，"我"的所有格"我的"是怎么回事？

这个"我"在哪里？如果我请你向我展示这个"我"，你会如何做？

《无门关》第四十七《兜率三关》回答了这个问题。中国宋代有一座兜率寺，坐落于今江西一带，里面住着一位得道高僧从悦禅师。他常常用同样的三个问题来考验徒弟的领悟深度：

> 拨草参玄，只图见性。即今上人性在甚处？
> 识得自性，方脱生死。眼光落时作么生脱？
> 脱得生死，便知去处。四大分离向甚处去？

这三个问题要求僧徒思考人生最大的难题，即生与死的问题。所有禅宗弟子必须穷尽思源才能闯过这三关。

我们暂且不去讨论后两个问题，先来看看第一个问题，这个问题正中我们当下讨论的这个问题的要害。我们可以从两方面来理解"拨草"。"草"可看作是我们意识中的概念和正在萌生的念头。我们将它们除去了。"拨草"也可看作是我们翻山越岭寻找深居山中导师的一段过程。"玄"指的就是佛法，或者，更直接地讲，就是真我。如此，"参玄"便可看作是禅宗修行。而我们在禅宗修行的过程中，便能去除残念，直面真相。

　　无论使用哪种释义，"拨草参玄"都是朝圣、修习禅道的意思。修行者在追寻的道路上，都会历经磨难，最终获得开悟，或曰"见性"。"见性"中的"性"便是指我们的真实本性。所以，从悦禅师似乎对弟子们极为严厉："见性，见性！你们只管见性。但请告诉我，此时此刻，你们的真实自我在何处？如果它真实存在，请展示给我！"真实的自我在何处？这个不属于"我的"自我在何处？"无"在何处，"只手之声"在何处，"花开之篱"在何处，"麻三斤"在何处，"父母未生之前的本来面目"在何处？那个"真实的自我"在何处，它长什么样？

　　即便你回答"在这里！"并掌掴自己，可你掌掴的是你的身体，而不是"真实的自我"！那么，这是否意味着，没有"真实的自我"呢？非也。因为此刻正在思考这个问题的不是别人，正是你"真实的自我"。如何证明这一点？难道你此刻听不见？看不见？难道我不是坐在书桌前写下这段话？难道你此刻不是正在阅读这段文字？毋庸置疑，这个"自我"就存在于此时此刻。也许有人会说，"这是意识！"

换言之，"我自己就是这个意识。是意识让我看到、听到、读到，让我移动双手，写下了这一页。"但即便如此，也不足以回答这个问题。我们只是将"我"换作了"意识"，如果让我们立即展示这个"意识"，我们仍然如之前一样无力完成。

我们再重述一遍。意识有形态吗？没有，它没有形态。意识有颜色、重量或气味吗？没有，它没有颜色和重量，也没有气味。我们能给意识定位，指明意识在这里或者在那里吗？我们做不到。那么，这是否意味着，意识从一开始就不存在呢？我已经解释过了，这不可能。那么，意识究竟在何处？或者，诚如《兜率三关》所问，"即今上人性在甚处？"

在《无门关》第四十一则《达摩安心》中，禅宗二祖慧可大师说："弟子心未安，乞师安心。"拔队禅师对此评道：

此刻，用眼睛看到颜色、用耳朵听到声音、举起一只手又迈出一条腿的主人是谁？我们都知道这是意识的功能，但却没有人知道这些功能表现如何。也许有人要说，在这些动作背后，并没有实体，这些动作是自主发出的。同时，也可能有人坚持认为，这些都是某种实体所做的动作，只不过这个实体是无形的。如果有人认为这个问题无解，那么，他为寻找答案而付诸的所有努力都将白费，而他自己也将不知所措。而这，也是最好的状态。

一休（Ikkyū）有诗云：

　　心灵是什么？
　　是水墨画中
　　风吹过松林的声音。

诗行中的水墨画里绘制了一片松林，风吹过这片松林便会发出声音。这阵风——也就是"心灵"——必然吹来了，但它没有模样，也没有影子。古人一下子就说到了重点。请好好欣赏这首诗。

在这首诗中，"心灵是什么""谁听到了风声"便是解答我们的问题的关键。许多科学家都认为，心灵意识包含于大脑之内，因此，我们通过研究大脑，就能认识意识。但你尽管对着大脑研究一整天，也绝不会找到意识的。大脑是一个生理结构，意识将它作为一种工具，但它并不是意识本身，也不能将意识包含在内。

我们可以将意识和大脑的关系比作人和电话的关系。当我拿起听筒接电话时，接听的主体不是电话，电话里面并没有某个意识在聆听。我的耳朵听到了，但耳朵本身只是一个工具，而意识也不在耳朵里。耳朵连接着大脑，但大脑也只是一个工具。电话、耳朵和大脑都是一些物理结构，是意识所使用的工具，它们本身并不包含意识。当我坐在这里思考大脑的问题时，并不是大脑自己在思考这个问题，而是"我"，是我在思考。因此，当慧可大师说"弟子心未安，乞师安心"时，菩提达摩回答他："将心来，与汝安。"

意识只是一种名号，而现实却抓不住、摸不着。意识深不可测、不可估量，挑战着人类的智慧。与此同时，它又是无限可能的完美，是美好，是生命的所有属性，但它没有形式，也没有实质。而这，便是"空"。换言之，那个能看能听的东西是空的，是摸不着、抓不到的。意识是空的。虽然它拥有无限可能，但它却是零。这便是"主体空"。如果我们通过体验直接渗入这个现实，那么所有的恐惧与苦难都会消失，我们就好像从噩梦中醒来一般。恐惧与苦难都会回归到它们最原始的空无状态。

一休禅师还说：

> 本来面目君真貌美，
>
> 教人一见钟情。

即便只有一面之缘，你也会对它一见钟情吧？

法空

在日语里，"法空（hokku）"就是"万法皆空"的意思。"法"指"法则"，一般可作为现象的同义词。万物皆是因果法则的主体，因此，"法"也可用以指代万物本身，指代所谓的"客观世界"的一切事物。现象世界是一个可以被感官理解的世界，是有色彩、形状、重量和气味的世界，是常识的世界，是主体的审视对象，是自然科学调查的对象。毫无疑问，现象世界就是自然因果法则的主体。但与此同时，客观世界又是空无的。《心经》中用"色"这个词来指代这个世界。

我们一般认为物质的客观世界是唯一存在的世界，而认为有关其他可能存在的世界的讨论都是形而上学的推论。在前两个世纪，科学取得了惊人的进步，提高了社会生产力，促进了经济增长，科技社会蓬勃发展，科学方法因此具有了权威。自此，我们开始反驳一切无法用科学证明的唯心主义事物。不过，佛法认为，形式世界是一种现象，其内容与实质都是空的。再次强调，我所谓的"空"并非空无一物，而是包含了无穷物质的空。如果说，在数学符号里，"∞"用来表示"无穷"，那么也许我们可以将包含了无穷物质和可能性的"空"用一个包含了"无穷"的"零"来表示：$\oslash$。

"空"也许在概念上被解释为"没有实质"或"无法定义"，因为客观世界的事物总是在不断活动和变化。我们可以将这种不断的活动现象比作河水的流动。河流好似永恒不变的存在，但实际上，河中之水在不停地流动，一刻都没有停歇，这一秒在我们眼前流淌而过的水与上一秒的已经完全不同。我们的身体亦是如此。我们认为今天的身体与昨天无异，但其实，我们身体里的细胞一直在不停地进行着新陈代谢，这些细胞的分子、原子和原子微粒以惊人的速率出现又消失，远比河中水流的速度要快。

　　河水没有本性或属性，却无止境地流动着，那么，这种流动本身是存在的吗？换言之，它是否存在空无本性？这听起来也许像一个智力题，其实不然。原子物理学家会回答，是，"流动"是存在的。但能洞见本性的禅宗佛法却可以明确地说，不存在。当禅宗大师说"本来无一物"或"觉醒之后，万物皆空，万千不存"时，他们所见其实是"流动"本身所固有的空。

　　现代物理关于基本粒子的理论致力于寻找物质本源，从这个意义上说，这些理论似乎更接近于对物质空的本性的确定。我坚信，有朝一日，物理学将能确凿地证明客观世界的"空"，而真谛就在那些古语之中："无一物中无尽藏""色即是空，空即是色""空是真空，有是妙有""万法真如"。

人法二空为一

　　为了方便讨论，我将"空"分为两种：人空和法空。不过，在现实中，一个人或者一个事物是无法变成两个的，或者说，不会有两个"空"。主观与客观是空的、完整的"一",是一个现实的不可分割的两方面。"空一"超越我们的感官,它包含无限而奇妙的可能性。"空一"不是别的,正是我们的真实自我,是宇宙的真实本性。佛教哲学将它视为"三宝",或毗卢遮那佛(Vairochana Buddha)本身,或佛性,或法性。而在禅宗佛教中,它被称为"无""只手之声""麻三斤""园林之橡"或"父母未生之前的本来面目"。而在日常生活中,它就是张三、李四、小兵、老农。

因此,无怪乎我们难以解清那些错综复杂之事,亦不能解答生与死之难题。我们仍被困在尘世,不停寻找着,直到最终在我们的体验中收获空一。当我们反观自己的本性时,主体空与客体空的体验就能解决这个"基本问题",而我们更是会收获一股喷涌而来的喜悦。有时,这种体验会变成强烈的兴奋,压倒并冲击所有自我的意识。据说,禅宗大师百丈在醒悟之后,耳朵聋了3天。道元禅师的"身心脱落"也是一种极大欢喜的体验。试想,一个人若是一直被关在黑洞里,绝望至极,不知所措,突然,四周的墙壁裂开了,他一下子就被巨大的光芒所环绕。这时,他表现出一阵狂喜,也就不足为奇了。

莹山绍瑾（Keizan Jōkin）在《坐禅用心记》（*Guidelines for Zazen*）中这样说道：

> 夫坐禅者，直令人开明心地安住本分。

"心地"即真实天性、心灵本性。我们的真实自我与宇宙空而无穷的本质相连，而"明"就是指直接体验这种"空"。当我们体验了人空后，就能收获到真正的平和与自由。这便是绍瑾大师所说的"安住本分"，也是《心经》所说的观自在菩萨的"照见五蕴皆空"。"照见"是在寂灭的本性中映现出清晰的事实。只要能看透主体空与客体空的事实，我们便能从苦难中解脱。这就是观世音菩萨（观自在菩萨）自我救赎的方法，也是她此刻用以拯救众生的方法。而这个方法就叫作"行深般若波罗蜜"。

永嘉大师的《证道歌》（*Song of Realizing the Way*）有言：

> 证实相。
>
> 无人法。
>
> 刹那灭却阿鼻业。

……

诸行无常一切空。

即是如来大圆觉。

第一节里的阿鼻指的是阿鼻地狱（Avici），是八热地狱之一，也被称为无间地狱。当我们认识到主观与客观的无常与空之后，这个地狱便会刹那消失。佛光国师（National Teacher Bukkō）是镰仓圆觉寺（Engakuji Temple）的创办者，他从中国来到镰仓之前，曾经为了躲避战乱，而逃入温州能仁寺。当蒙古兵蜂拥而入时，佛光正在禅堂中坐禅，静静等候着。一个蒙古兵发现了他，并拔剑，准备砍下他的头。面对死亡，佛光毫不畏惧，反倒神色泰然地吟诵起来：

乾坤无地卓孤筇，
喜得人空法亦空。
珍重大元三尺剑，
电光影里斩春风。

蒙古兵见大师视死如归，便放下了手中的剑，离开了。

永嘉大师也说过相似的话：

纵遇锋刀常坦坦。

假饶毒药也闲闲。

这才是从生死束缚中得到了真正的解脱啊。真正解脱，或曰彻悟，便是禅修的宗旨，是大乘禅宗的核心。

空念之禅病

不过，即便是在开悟之后，也仍有一个重要问题遗留，那便是"禅病"。禅病有时就是在开悟之后才出现的。禅病有许多种，而我在此想要强调的，便是"空念"所带来的危害。

当我们开悟时，我们就能认识到所谓的"原始本性"。这种认识的内容是空的，但与此同时，又充满了神秘而奇妙的可能，简言之，我们认识到了"空"。空好比一个舞台，无数的现象在这个舞台上，依照因果法则，出现又消失，一刻也没有停歇。佛语中的"法则"既指因果法则，也指因果法则所引发的出现和消失的现象。客观世界的现象也就是佛教三宝中的法宝，而我们的本质天性则是佛宝。如此，便将佛宝与法宝区分开来，成了一个事实的两个方面。这个事实起初是"一"，而这个单一事实便是僧宝。

佛教教义中使用了许多种表达来阐释本质世界与现象世界的差异（见表2）：

表2　本质世界与现象世界A

本质世界	现象世界
本质	现象
佛宝	法宝
本质阶	现象阶
平等	区别
空	色
真空	妙有
事实	因果缘由
未有	拥有
令人放松	扣人心弦
法则	练习
浑沌①	光明、黑暗
"无门关""只手之声"等	山、水、草、木等

---

① 庄子用"浑沌"来表达本质世界。

有一点务必明确，空（本质），是真实自我（真正事实）的唯一一面。如果一个人能彻底看清自己的本性，能证实空与色（本质与现实）这两方面，那么，难题就迎刃而解了。倘若没有看清，那么他（或她）便可能固执于空的唯一一面，并沉迷于所谓的"空念"。而这就有可能致其背弃因果法则，生出禅病。禅病中人便被称为"得道死人"。

在禅宗修行中，我们都要体验"舍念清净"的阶段，如果将自己困于空念之中，享受独一之乐，那么我们就永远都不会产生舍弃的愿望。最终，我们可能变得自高自大，与芸芸众生格格不入。永嘉大师有诗如下：

豁达空，拨因果，漭漭荡荡招殃祸。

弃有著空病亦然，还如避溺而投火。

我们通过开悟，认识自己的真实本性，认识空与色，最终变得内心平和。这便是真正的佛教救世法则。不过，我们也必须拭去所有喜悦的痕迹，并忘却自己将它们拭去。如此反复无穷尽，便是佛法。

第四章

禅宗三大目标

　　在前面的章节里我已与大家探讨过了，禅宗的目的就是通过开悟，认识禅宗救世的基本法则，获得启迪。如此莽撞地直奔主题后，我将在后续章节里向大家介绍静虑的益处，并更深入地审视禅宗能为人类带来什么。

　　禅宗修行旨在完成下面三个主要目标：

　　1. 发展定力。
　　2. 体验上乘，或见性。
　　3. 体现上乘，或人格完成。

　　这是三宝派划分的三重目标，我继承了这一思想。无论如何，总之这三个目标既清晰简单，又玄妙莫测。我在第二章曾着重解释了第二个目标——领悟体验，不过，在本章节，我将依次介绍这三个目标。

发展定力

"禅"的梵语是"dhyana"，汉语原本将其译为"禅那"，但日语只保留了第一个汉字"禅"。"dhyana"还可以翻译成日语的"静虑"（意为"安静地冥想"或"安静的冥想"），指将分散的精神聚集起来，让心灵得到放松。简单地说，就是发展专注的意识。在日语中，这种集中意识所产生的力量被称为"定力"，或者"专注力"。

古语有云："人有精神，何事不成？"无论你想完成什么任务，都必须集中精神专注于任务目标。即便是小孩，也懂得用放大镜集中一束阳光就能将一小堆木块或纸片燃烧的道理。没有人会否定这一道理。我们生存于外在世界，必须要有强大的毅力，集中精神将我们的想法付诸实践。但凡杰出之人，必然都有非凡的专注力。

从日本战国时代（1467—1568）开始，一直到幕府时代结束（1868年），日本武士和剑客竭尽全力修习禅道、专注精神，像上杉谦信（Uesugi Kenshin）和武田信玄（Takeda Shingen）这样练习坐禅的比比

皆是。其实，他们时刻都处于生死关头，不容许有
丝毫差池，自然需要练习坐禅。

　　现今，倘若我们想尽量免受困苦，内心平和地
生活在社会与家庭之中，就必须建立一个不受外在
世界控制的精神基础。一般来说，我们的日常行为
会不断地受到外在环境的影响，受到它的控制和牵
扯。正因为如此，我们的意识从来没有消停。当外
在世界对我们的控制与我们的意愿相左时，我们就
会出现痛苦的情绪。如果与我们同工的同事薪水比
我们稍高一点点，那么我们就会感到失落；如果有
人对我们提出批评，或对我们感到不满，我们就会
不安。这些嫉妒、猜疑、仇恨和敌对的情绪不停地
出现，我们这些普通人的心灵变得完全无法安宁。

　　只要意识在活动，它就无法对外在世界的各个
方面作出正确的反馈，就好像一面弯曲的镜子无法
照出事物真实的样子。因此，我们也不能期待一颗
不安的心作出明智的判断。

　　我们都知道"性急误事"——至少理论上如
此——因此，很有必要沉着冷静。无论我们对此有
多么深刻或浅薄的理解，我们的意识就是无法遵从
这个道理。然而，仅凭阅读来熟悉自律行为，是无

法建立专注力，无法让我们不再受到外在环境干扰的。要实现这个目标，最快捷有效的方式就是通过实实在在的禅宗修行，培养自己的专注力。

专注力可以帮助我们获得两项重要技能：在客观世界实践想法的能力和免受客观世界控制的能力。想获得第一项能力，并非必须修习禅宗，因为这个能力并非佛教徒独有。不过，让自己免受客观世界控制的能力确是东方精神文化的核心基础。在日本文化中，许多艺术都被称为"道"（"方法"的意思），比如"剑道""柔道""合气道""书道（书法）""茶道""花道"等。所有这些"道"都以专注力为基础，日本人正因为能掌控自己的专注力，才掌握了这些艺术。

专注力能发展到什么程度，其实并无限制。只要持之以恒地进行练习，就能达到惊人的水平，获得"神通力"。不过，倘若不能坚持练习，则这些能力很快就会像竹篮里的水一样不停流失，直至最后再也无法回到最初那种专注状态。另外，无论我们拥有多么强大的专注力，倘若不能持之以恒，不能正确利用，都无法解答生与死的难题，更无法解析生命的意义或宇宙的奥秘。

自古以来，开悟启迪就被视为心灵专注的智慧成果，可见，发展专注力与悟见我们的本性关联紧密。不过，从性质上讲，两者截然不同。无论我们多么专注，都无法自动悟见自己的本性；同样地，一个深刻领悟了自我的人，并非一定拥有强大的专注力。培养专注力本身也需要投入很多努力。

体验上乘

体验上乘是真正的禅宗佛教的核心。事实上，能让禅宗成为一种大乘佛教的，正是悟见自我本性的这个体验——即"开悟"体验。没有这个体验，禅修行为不过只是一场智慧冥想。

道元禅师在《普劝坐禅仪》（*Recommending Zazen to All People*）中如是说：

毫厘有差，天地悬隔。

"毫厘有差"指的是哪怕细微之间也有差别，而"天地悬隔"则指在这样的差别之下所收获的体验已经千差万别了。因此，禅修行为常常容易被人误解。

近年来，这种误解加深了，人们只当禅修是一种思想系统。一些人因此极力避开冥想中的久坐之苦，也不愿反复思考未知之事。相反，他们借用这种哲学或那种心理学理论来构建自己对于禅修的看法。毕竟，构建理论比坐禅修行要简单得多。

当然，禅修也包含教学与理论：佛经整体可看作是禅宗理论，而道元禅师的《正法眼藏》便是关于禅修的引介和教义。不过，无论佛经，还是《正法眼藏》，都不仅仅是哲学思想。其著者都清晰地悟见了宇宙本质，受到了启迪，于是便竭尽全力，想让所有的禅宗修行者都能收获这种觉悟。

这与那些没有悟见到世界本质的人所构建的精神想象截然不同。如今，我们会遇到形形色色之人，有些从来没有修习过禅道，有些连对禅宗的基本认识都没有，有些假装自己是"禅修人士"，然后自信满满地授课、著书。禅宗修行似乎变成了一个基于其文献、哲学、心理学、历史等的文学价值的学术审查了。不过，学术的方法也只能审视禅宗的框架，并依此臆测而已，并非真正地践行禅道。如果将禅宗比作一栋大房子，那么我们只有想办法进入客厅，并在沙发上坐下，才算真正地进入了这栋房子。如果像走进一门学科那样走进禅宗，那么也只是围着这栋房子环绕而已，偶尔透过大门的缝隙看看里面，就开始推测房子里的布局结构和家具陈设。

在这里有必要区分一下大乘禅和所谓的"大悟禅"。在"大悟禅"里，修行者也会有思考，会提出"我什么时候能开悟？"或者"怎么要这么久时间？"之类的问题。抱有这种想法而进行坐禅的人，是无法真正修习到公案真谛，也无法从打坐中领悟到什么的。要想进行禅修，首先就要明确一点，禅修是一种能让人专心而纯粹的修行。无论是修习公案，还是打坐，只要修行者的注意力还游走于公案和修行结果之间，就绝对不是纯粹的修行。正因如此，禅宗先祖才批判这些大悟禅。真正的禅修静虑，就是要放下一切关于"开悟"的念想，放下所有其他事物，无论是修习某则公案，还是普通的打坐，都要全身心地投入。

过去的禅宗大师们反复强调，禅悟绝对不会从思想或观念中获得。我如果将他们的警示全都引用到这里，恐怕就没有空间再写别的了，所以，我仅引用一两则吧。第一则是德山宣鉴禅师（Tokusan

Senkan Zenji）的故事：

    德山禅师与临济禅师齐名，是最为严厉的禅宗大师之一，他最喜欢在教导修行时使用棍棒。据说，无论你问他什么问题，他都会回答："答出来，我赏你30杖；答不出来，我罚你30杖。"他就是那种用棍棒"打死"弟子，又"教他们复活"的大师。德山禅师原本修习佛教中的法相宗，是佛教教学的理论家。他本姓周，是一名传道和尚，长于宣道《金刚经》，因此得名"周金刚"。

    据说，他曾愤愤不平："出家儿，千劫学佛威仪，万劫学佛细行，不得成佛。"换言之，德山认为要修成正佛，必然要体验很长时间的修行。

    但在当时，中国南方有一支自称禅门的教徒，到处宣讲"心即是佛"。德山听闻后，暴跳如雷，"南方魔子，敢言直指人心，见性成佛。我当搂其窟穴，灭其种类，以报佛恩。"

    说罢，德山便扛起装着《金刚经》的书担子，向南方的大山奔去。到了醴阳（今湖南醴县）一带，见到一位老妇人在街边卖油饼，并称饼为"点心"（字面意思为"点触心灵"）。德山决定给自己来点"点心"，于是便将书担子放下，要了一碟。

老妇人见状，说："这东西似乎很沉，是什么呀？"

"这个吗？是《金刚经》。"

"哦？《金刚经》啊，那我倒想问问你。倘若你能回答，我就免费送你点心。倘若回答不了，我可就什么都不会卖给你，你自己去别处寻食。"

德山听了，惊诧不已："您尽管问。"

"《金刚经》有云，'过去心不可得，现在心不可得，未来心不可得'，高僧，请问你想'点'哪个'心'？"

这真是一位非同寻常的老妇人。"不可得"即得不到那个"心"，无法将它展示。过去心已然成为过去，自然不可得；未来心尚未到来，抓不到摸不着，当然亦不可得。不过，许多人也许认为自己可以抓住现在心，因为它就存在于此时此刻。殊不知，我们刚说完"现在"，它就已经"过去"了；即便才说了"现"，"现在"也已经成为了过去。我们一般会认为"秒"是最小的时间单位，但其实，"1秒"也可以分成百分之一秒、千分之一秒或百万分之一秒。我们可以无限制地将时间划分为更小的单位。因此，"现在"其实也"不可得"。

在《达摩安心》公案中，慧可大师说，"弟子心未安，乞师安心。"而在这里，当德山被问及想点哪个"不可得"之心时，他也难解谜题。他虽然可以释义《金刚经》，却对实践《金刚经》一无所知。

无论我们多么辛苦细致地去分析"心"，到最后它仍旧是不可得的，除非我们亲历觉醒。正如永嘉大师在《证道歌》中所说的那样："不可得中只么得。"

没有切身体验，我们就会感到迷茫，德山亦是如此，所以他最终没有得到点心。不过，在这个故事的另一些版本里，这位老妇人钦佩于德山的坦诚，还是给了他点心。当然，不论是否给了点心，这位老妇人显然看出了德山的心思，便告诉他高僧龙潭和尚就住在附近，并建议他前去拜访，还给他指了路。

　　遵照老妇人的指点，德山来到了龙潭寺。进了寺门，他便大喊："久向龙潭，及乎到来，潭又不见，龙又不现！"德山这番话，颇有禅意，龙潭一听，便知德山与禅颇有因缘，于是请他进门，聊了半夜。故事没有记载两人夜聊的内容，但他们肯定聊了许多达摩佛法。

聊到深更，德山起身准备离开了。他走到门口，见门外漆黑一片，转身说道："屋外漆黑，伸手不见五指。"龙潭点了一支纸烛，交与德山。德山正要接过，龙潭却一口将它吹灭。据说，就在烛光熄灭的漆黑瞬间，德山突然大彻大悟。

他向龙潭深鞠一躬，表示感激。龙潭便问他："你见到了什么，竟行如此大礼？"

德山回答："我今后永远不会再疑心高僧的修为。"

次日，德山又在《金刚经》上注释了一大堆，并点燃一把松木火炬，说道："即便我们拥有详尽而深奥的教义，也不过是浩瀚中的一根毛发；即便我们习得世间真谛的要领，也不过是山涧的一滴水珠。"说罢，便将这些手稿全部烧毁。

圆悟在《碧岩录》第四则公案的长篇评论下所记载的故事。当德山说"我今后永远不会再疑心高僧的修为"时，他从前的自以为是与自命不凡都崩塌了。若非如此，便无法亲历佛陀与禅宗先祖们的体验。因而，我们必须要感谢龙潭的救赎。

在《正法眼藏》的《办道话》一章，道元禅师如是说：

> 只当知七佛之妙法，若于得道明心之宗匠、契心证会之学人相从正传，则的旨现前，可禀持也。非学文字之法师可知及也。是故，当息止此疑迷，依正师之教，坐禅办道，得证诸佛自受用三昧。

"香严击竹"的故事也向我们阐释了，想要获得禅悟，就要抛却思维：

> 香严和尚是沩山灵祐禅师衣钵的继承者，也是沩仰宗的创始人之一。他在虔诚朝圣的过程中，出家当了和尚，追随沩山禅师修习禅道。他博学多才，又勤勉好学，研习了许多经典，对佛法教学的领悟也颇为深刻，修得一身平心静气。沩山禅师发现香严有继任者的潜质，想引领这个和尚悟到真谛，便授他公案，"在你母亲孕育你之前，你的本来面目是怎样的？"

　　一时之间，香严答不出来。他感到万分羞愧，便回到自己的住处，翻遍先人的所有记录，以及他自己摘录的句子，但都没有找到什么东西可以回复给老和尚。失望之极，他折回沩山禅师处，乞求道："我想了又想，仍想不出所以然。大师，请您告知我答案吧。"

　　沩山回答："如果我告诉你了，那就是我的答案，而不是你的。我现在给你解释，以后你会恨我的。所以我不会告诉你。"

　　香严听了，伤心欲绝，道："画在纸上的饼，是无法为我充饥的！"

　　说罢，他烧毁了所有的书籍和笔记，并打算余生不再修行佛法。"我真是愚钝至极，才会相信我这样一个前途无望、逊人一等的人也能开得真悟。"

　　断了修行之念后，香严允得沩山禅师许可，离开了寺院。随后，他来到了南阳，找到了传说中南阳慧忠国师修行的地方，搭了一个小院，开始了隐居生活。表面上看，他放弃了所有的希望，放弃了公案修行，成天静静地过着隐居的日子。但在意识深处，他仍在寻找"本来面目"的答案。

几年后的一个早晨，香严打扫院子时，扫到了一颗卵石，卵石滚到林子里，击中一根竹竿："咚！"他听到这声响的一瞬间，所有的念想与幻象都消失了，整个宇宙间只留下"咚"的一声。就在这一瞬间，香严第一次见到了自己的本来面目，见到了他的真实本性。

那时的他该是多么高兴啊！只有亲历过的人才能理解那一刻的喜悦。这禅意的瞬间，也被称为"惊奇一刻"，是人在身心脱落的一瞬的惊呼。这种惊奇是真正地见到本性的不可或缺的元素，没有这一瞬的体验，就不能称之为开悟。

香严回到房中，沐浴，焚香，然后双手合十，转向沩山禅师寺院的方向，行了拜礼。

"师父的仁爱远胜过我的父母。如果他当初为我解答了疑惑，那我可能永远无法感受到今日这番喜悦。"

随后，香严赋诗一首：

一击忘所知，更不假修持。

　　动容扬古路，不堕悄然机。

　　处处无踪迹，声色外威仪。

　　诸方达道者，咸言上上机。

　　也许我们听完这些古人开悟的故事，会觉得与我们的生活都没有什么关联。那么，我再讲一个或许与我们更加相关的例子吧。

　　一对年轻的美国夫妇来到日本，想要修习禅宗。他们加入了镰仓禅宗团体，并在此后三年虔诚修行。丈夫 D 个子高大，面色红润，眼神深邃，喜欢呆呆地凝视，给人的第一印象是一个被爱抛弃的愁苦失恋人（此处无意冒犯！）。但和他交谈几句之后，我发现，他其实是个激情澎湃的人，同时也有点天真，有点害羞，容易受伤。他读过铃木大拙的许多作品，还有其他许多禅宗书籍，所以对禅宗产生了极大的兴趣，于是他提议一起来日本修习禅宗。

　　他的妻子胆小羞怯，不善言语。她自幼学习钢琴，13 岁时就举办了第一场音乐会。那之后，她就成了音乐会舞台上的常客，并成为一名指法精湛的钢琴家。我们见过面之后的某一天，她有点害羞地告诉我，她毕业于纽约一家久负盛名的音乐学校，并获得了音乐双学位。知名钢琴家弗拉基米尔·阿什肯纳齐（Vladimir Ashkenazy）第一次来日本举办巡回音乐会时，她给我和我的妻子也买了票，我们三人一同前去聆听。那晚，我坐在她的身旁，人生第一次聆听了如此之久的音乐篇章。音乐会上，她还告诉我，她也曾拜师阿什肯纳齐的老师——俄国的一位著名演奏家，并在他的教导下，准备前往前苏联学习深造。若不是她丈夫极力坚持要来日本，说不定她与阿什肯纳齐就互称同门了。

她在求学的过程中，全身心地投入于钢琴练习，并沉浸在自己的小小世界里，没有可以交心的朋友。由于很少有机会与人交谈，她的词汇量变得非常有限，这让她觉得，自己仿佛生活在一座孤独的塔楼里，只有一扇小小的窗户通向外面的世界。当她遇到她丈夫时，她感觉那也是一个生活在只有一扇窗户的高塔上的人。

夫妇二人都全身心地坐禅修行，他们参加了所有的禅修集训（参禅）和集体静虑活动（坐禅会），甚至还去三岛市参加中川宋渊（Nakagawa Sōen）禅师在龙沢寺（Ryūtakuji）引导的参禅活动。1967 年 5 月，我们在禅师的引导下举办了一次参禅活动。这对夫妇一如既往地来参加了，并热诚地修习。活动结束一周后，他们来到了我的门前，用英语夹杂着日语与我说事。

原来，在参禅活动的最后一天下午，当最后一次独参结束，所有人都练习着行走冥想准备结课仪式时，D 的妻子突然感觉自己从这"绝望的"状态中得到了释放，顿时心中涌上一阵难以言喻的喜悦，喜极而泣的泪水夺眶而出。她不知道这是怎么回事，只觉这样的体验神奇而美妙。回家之后，她发现自己一直厌恶的厨房里的活儿变得非常令人愉快，并且，无论她做什么事情，无论是打扫卫生，还是在花园里除草，她都觉得非常开心。她以为这是一种暂时的反常行为，便留心观察了一会儿，以为自己会恢复正常。但这种喜悦之情却久久未能散去，这种轻松的愉悦感似乎没有止境。于是，他们前来咨询我，看看这究竟是怎么回事。

我在独参时接待了她，并考查了她对自己正

在修习的公案《无》的理解。而就我所知，她所体验的正是"见性"——她真实地见到了自己的本性。我考查的问题，她全都轻而易举地回答出来了。虽然我很确信她已经见到了自己的本性，但还是决定带她去禅师那里再次确认。禅师也仔细地考问了她一番，并最终确认，她所体验的确确实实就是"见性"。

之后，我们又进一步修习了几则公案，而她对于那些公案的理解也非常好。禅宗开悟的力量就是这样神奇。后来，在一次参公案的课堂上，我向她展示了一则新公案，她立马大笑起来。我问她，是什么如此可笑，她回答："您一次又一次地问我同样的问题，我已经开始怀疑您很愚钝了。"（啊哦！看来得时刻保持警惕啊。）

禅宗古语有云："过一关便是过千关。"如果我们能觉悟一则公案，那么其他公案自然也会明了。与此同时，通过每一则公案，本质现实也变得愈加清晰，我们日常所得的自由也就越多，而这样的自由将渗透到我们生活的方方面面。因此，虽然我们从不同公案里收获了相同的见悟，但仍有必要一则一则、一步一步地修习这些公案。除非见悟的体验与普通的体验一样，否则，参公案是不会那么顺利的。

"我妻子的体验是那种浅薄的吗？"D望着我，那眼神，似乎很害怕听到否定的答案。

"不是，绝不是浅薄的。她的体验，是我所带领的日本弟子都未曾有过的。"

听到我的回答，他连连摇头，十分怀疑。

显然，他很难接受这个事实，他的妻子此生从未读过一页禅宗典籍，对于开悟一窍不通，怎么就能见悟到自己的本性呢，这是多少大师都在奋力追求的体验啊。也许，正因为她从未读过一本禅宗典籍，并对禅宗一无所知，所以才能有此见悟。另外，她自幼便沉浸于钢琴练习，其专注力远高于其他人。当她将同样的专注力投入到参公案中时，就能在相对较短的时间内进入静虑修行的深层状态。这便是人们在其他领域练习所培养的专注力归用于禅宗修行的例子。

哲学家西田几多郎（Nishida Kitarō）也有一个例子可以告诉我们，理解的无效性如何给我们的内心带去平静。西田从东京大学退休后，便定居镰仓，并以"镰仓随笔"为题，在一本月刊上发表了许多散文。我记得其中有这样一句话："当我读到云门文偃的'日日是好日'时，恍然觉得所有的厄运都是注定的。"

我第一次读到这句话时，才从学校毕业，刚成为一名职场新人，正寻找着人生的指路牌。我想，哲学也许能帮我指路，便走进书店，寻找这方面的书籍。而西田教授的话令我印象深刻。像西田几多郎这样的哲学天才，不知疲倦地思考着哲理，穷尽一生专注于哲学追求，他为什么读到云门文偃禅师的话时，就会感觉自己所有的厄运都被封锁了？他这一生都在痛苦地寻找着那不可言喻的"事物"，并且最终也没能领悟到它，想必是觉得自己与文偃禅师在一个毫不相干的地方相遇了，而对方所拥有的正是他所渴望的。的确，我们通过哲学，也许能更接近那不可言喻的事物，但无论我们多么接近，终究只是在它四周围绕，而不能触碰到它。这便是哲学的悲惨命运：它无法切断我们的妄想，无法将我们释放。

不过，曹洞宗的一些成员不仅认为见悟毫无必要，更是拒绝任何能唤得觉醒的尝试。他们坚持效仿道元禅师的做法，仅是坐禅修行。但坐禅本身又是佛教修行的一种活动，因此，他们又争辩说，只要我们全心修行，根本不需要去获得见悟。还有一种更为极端的观点认为，既然道元禅师已经成为大乘者，并慈悲地为世人展示着佛法，那么我们只要相信他的见悟并在生活中将其践行即可，更进一步地追求见悟便是亵渎佛陀和禅宗先祖。有些基督教徒也持有类似观点，认为"只要相信"耶稣为我们的原罪而死去了就可以了。

其实，对于这个问题，我想再表达几个观点。首先，信仰并真诚地践行某个宗派创始人的教义，并无过错。但读了道元禅师的教义，就相信其中的每一句话，难免会忽略他最重要的一条劝诫，即"只管打坐，得身心脱落"。这句话里所指出的问题的关键——只有当他们收获见悟的时候，才能像他们宗派的创始人那样，在坐禅中摆脱生与死的纠葛。

其次，有人说，上乘就是见悟的练习和实现，心怀这样的信念去坐禅，才是真正地进行禅宗静虑。从本质世界的角度来看，这其中还有些事实有待讨论。但倘若我们只是接受了这一阐释的表面，就会忽视另一面，即现象世界。禅宗的最后一个目标就是实践上乘，即佛经中"圆觉"后所得的"阿耨多罗三藐三菩提"。

　　只要这个目标尚未实现，我们就无法获得根本救赎。我们要相信，坐禅本身即是修行，只要我们全身心地禅修，上乘就会自动出现，也就是说，我们的本质天性会自动出现在这个现象世界里。而这本质天性必然是在某个特别的时间点以明确领悟的形式出现。正如道元禅师所言，"当即，一生参学事毕。""当即"便是"时光流水中的某个特别时刻"；而"一生参学事毕"意指他明确地体验了自我实现。

体现上乘——人格完成

　　在之前的章节里，我已向大家概述了体验见性的意义和内容。我们的意识能够看见我们的本性，这是真实而毋庸置疑的事实。即便我们认为在看见自己本性之时，所有的知识都被忘却了，那也是因为我们当时体验的就是一个万事皆被忘却的世界。当然，这样的体验与普通的感官体验绝不相同。见者突然就看见了自己的真实本性，他们没有将它客体化地显示出来，也没有通过思想中介将它过滤选出，而是突然一下就领悟到了。这便是典型的直接体验禅。虽然不同个体所体验的深度与完整度各不相同，但倘若一位有资历的大师证实了人们的见悟体验，确认他们见到了自己的本性，那么这些人所体验的自己与他人的世界便是一致的，而此前大家所认同的二元对立的世界将变成一个幻想世界。

不过，倘若我说，从那一刻起，他们的心灵意识就会自动直接反映出所体验的一切，完全从自己与他人的区别中解脱出来，那也有点不切实际。他们也许会意识到这世间没有自己也没有他人，但那些基于自己与他人的二元认知的情绪与错觉却已根深蒂固。有些人会意识到，这些不过只是幻影，但他们对此依然束手无措。并且，因为他们的见性还不够深刻彻底，他们甚至会因此增加苦恼，并在之后又开始紧张地修习。

借用书法艺术来作个比喻，看见自己的本性就好比是最终能够区分书法作品的优劣。我们虽然判断能力不一，但都能明辨好与不好。当然，这并不是说我们都能写出一手好字。要想得心应手地写好书法，必须经过长期的练习。不过，如果我们不能判断书法作品的好坏，就好比缺失了一个目标，不能为我们的努力指明方向。没有指南针，我们就不知该向何方航行。所以，我们必须首先装好指南针，然后再做其他事情。

由此，便不难理解为何大乘禅将"明心见性"列为首要目标。而在明心见性的过程中，鲜少有人能凭"一击"就开明法眼。一般开始能有拇指大小的眼口便已超群，一般的眼口都只有豌豆或米粒大小。但这个却是起着决定性作用的：无论它一开始有多小，有眼便是有眼，它与无眼盲抓是有区别的。人们一旦看见了自己的本性，无论他们见得多么浅显，见性就是见性，这些人的人生体验便已发生了截然不同的变化。

见性后的第一个变化也是最明显的变化，即内心深深的平和感。古有圣贤如此赞颂这种变化："这如释重负的感觉说与谁听？"见性后那种微妙而奇妙的一身轻的感觉，实在难以言喻。

第二个变化来自我们对于禅宗著作和禅宗课堂的理解。见性后，我们会觉得格外能理解那些教义，不过，仍有一些东西有点捉摸不透，好像被一层云雾给遮掩了。说到这里，意思就非常明确了。在我

自己的体验中，见性后的理解力就像一涓清澈的溪
水，流进了泥泞的田地里。如果这些变化都没有出
现，那么只能说明，所谓的见性体验其实是一种暂
时的精神失常，教人进入某种兴奋状态，简而言之，
就是一种错觉而已。因此，禅宗大师的责任便是要
区分它是见性还是错觉。

在参公案中，我们通过初始公案的第一关后，
一般会再进一步修习后续公案，以便逐步明晰新的
视野，拓宽眼口。待内在之眼完全开启后，日常的
现象世界与开悟的本质世界之间的区别便也彻底消
失，这便是"圆觉"。实际上，现象世界与本质世界
之别本就不存在，但身为凡人，我们只能见到现象
世界，而意识不到本质世界。

如果我们的意识不能依照见性所体验的去指挥
行动，那么我们所见的便只是知识而已，无法融入
生活，无法与我们的血肉融为一体。无论我们见到
自己与他人区别的体验有多么奇妙，倘若我们无法
生活在自己与他人合而为一的生活里，那么所谓的
"开悟"便没有被我们践行，而我们的角色与见性之
前并无差异。倘若我们无法感同身受他人的悲伤，
无法为他人的好运而感到高兴，无法认清利己与利

他的同一，那么，也就无法亲历自己与他人同一的世界。

人格到底是什么？当我们说到某个人的特别人格时，我们所指为何？即便到了见性一刻，伦理、道德以及它们的宗旨也仍旧不够清晰。我们感觉某个人人格高尚，并不是因为他拥有更高的社会地位，也不是因为他是伟大的艺术家或富裕之人，而是因为我们凭着直觉感受到了那个人的内在统一——越是不太有二元对立感觉的人，越能让我们感觉到他的人格。我们可以将"人格"定义为"一个人在现象世界里展现本性的具体程度"。本性便是佛性，是佛陀无限而无穷尽的智慧与德行。佛性展示于这个世界的结构与外貌也是无限而无穷尽的。遮掩我们本性的，在佛教里是"幻觉"，在基督教里是"原罪"，在神道教里是"污秽"，自我与他人的区别都是三教的根源。

同一世界才是真正的现实。世界本没有自己与他人之分的存在，只有我们的本性，无论开悟与否，我们都会本能地意识到本性的存在。不过，即便是在见悟之后，二元对立的幻觉也仍然依附着我们。如何才能摆脱这些幻觉呢？最好、最简单也最直接的办法就是继续打坐禅修（坐禅）。只要我们继续刻苦修行，这些幻觉就会自动减少，佛性的美德也会自动出现在我们面前。这样的修行就是我们所谓的"体现上乘"。

以上道理也可用于伦理道德之中，因为伦理道德修养与禅宗修行的基础和权威都是佛性。我们的本性是区别好与恶的终极权威。佛性就是佛法戒律的另一种称呼，而这些戒律就是我们信仰、接受、赞颂和修习佛性的方法，是佛性在行动中显示自己时的形式与功能。

十六条佛戒可分为三类：

1. 三皈依：皈依佛、皈依法、皈依僧；

2. 三聚净戒：摄律仪戒、摄善法戒、摄众生戒；

3. 十重戒：杀、盗、淫、妄语、售酒、说四众过、自赞毁他、悭惜加毁、瞋不受悔、诽谤三宝。

戒律显示出信仰与修行的规范准则，这些显示是上升、发展的过程，并借助佛性——佛陀的智慧与美德——自动显现，一开始表现为物质的基本水平，继而慢慢上升至表象与功能的更高水平。这些戒律便是一套将哲学与伦理合而为一的和谐整体。如果将佛性比作一棵树的看不见的生命，那么我们能看见的三皈依就是树根，三聚净戒就是树干，而十重戒就是树叶和树枝。

我们总认为戒律是禁止行为或惩罚手段，认为是它们将我们与外界隔离的。其实，戒律就是佛法，是我们本性的自然发展。如此看待戒律，便可以说，"个性"便是十六条佛戒展现在每个人身上的延伸。佛性的总和便是禅，而真实自我所创造的优良美德便是戒律。

以上所述，仅是体现上乘所涵盖之内容的一半。在后续章节里，我将继续介绍体现的最重要因素，即从禅宗修行的最高形式——最上乘禅角度来看"体现上乘"。

禅修分类

禅修可根据其目的分为几类。在中国唐朝时期，圭峰宗密禅师将禅宗先祖们的语录收集起来，汇编成了《禅源诸诠集》，并在其序言中，依目标而将禅修分为五大类。本章将阐释其中三类：

　　1. 凡夫禅。

　　2. 大乘禅。

　　3. 最上乘禅。

凡夫禅

日语"凡夫（bompu）"的意思就是普通人或平凡人，乍一听也许会觉得有些许贬义。但"凡夫"所指的就是既非圣贤也非恶者之人，换言之，就是普罗大众。一般来讲，修行凡夫禅的人会练习数呼吸或跟呼吸。宗密禅师称："正信因果，亦以欣厌而修者，是凡夫禅。"修行者简单地认为，只要修行禅宗，就可以收获好的结果。

凡夫禅的目的是为现世增加幸福，而修行有益于培养意识、专注意识。一旦注意力集中，修行者就可以免受外界干扰，他们的认知能力和决策能力就变得更敏锐、更准确。最终，他们的工作变得更高效，在生意或管理的过程中就会少犯错。近年来，日本很流行将新员工送至禅寺修行一两天，作为入职培训的一部分。

只要正确地坐禅修行，人的品格就可以被净化，人格也能更和谐平稳。坐禅于健康也十分有益，心境越平和，身心就越健康，使人终生受益。

永远不要低估凡夫禅的价值。当然，倘若我们在修行中没有以开悟启迪为目的，那么也将永远无法解开人生终极问题的谜团，更无法实现我们的最终目标。

大乘禅

大乘禅的目标便是开悟。宗密禅师说："悟我法二空，所显真理而修者，是大乘禅。"大乘禅的核心便是清晰地理解我法皆空的事实。没有这样的理解，禅宗与哲学便没有差异。

饭田欓隐老师（Iida Tōin Roshi）这样写道：

菩提达摩曰："直指心境，见万法之性，乃成佛。"若是不能见性，便不能成佛，佛法更无从谈起。"见性"一般是指看见我们的佛性，但实际上，所谓"见"是"看不见的"，而"性"是"无性的"。"见性"其实是教人舍去所有的名与貌，直接接受身心的脱落。我们今天所谓的"见性"能达到菩提达摩所指吗？我甚是怀疑。

何出此言？因为这些见性体验通常都缺少"惊奇一刻"的惊诧。这个词显示出受到了突如其来的惊吓，用以表示身心脱落、彻底忘却自我的那一瞬间。它不仅是一声叫喊，更是一个人真正地开悟时无法用言语描述其体验的状态；是释迦牟尼佛在临终之际所说的"49年来我一法未说"；是一个大师的虔诚徒弟，怀揣菩提精神，仅靠集中精力打坐或修行公案就得以见性，倚仗某种机遇，切断了所有的观念与妄想，身体和心灵都得以脱落。换言之，它就是突然觉醒的真实时刻。

樵隐老师还举了许多这种时刻的例子：

有位叫作灵云的修行者，刻苦修行 30 年，有一天，看到桃树开花时，突然大叫起来："直至如今更不疑！"沩山禅师为他证悟后，说："从缘悟达，永无退失。"还有长庆禅师，他在 27 年的坐禅修行里坐烂了 7 张坐垫，有一天，他也突然大喊："也大差！也大差！卷起帘来见天下！"更有释迦牟尼本人，他修行 6 年之后，在第 12 个月的第 8 天望向金星时，突然证悟启迪……

或者，我们再说说玄沙禅师的故事，他告别了师父雪峰，翻山而去。在路上突然踢到一块石头，当他看到一股鲜血，感受到突来的疼痛时，不由得大喊："这具身体并不存在！这痛从何而来？"山谷禅师闻到桂花盛开的芬芳，因此参透了《吾无隐乎尔》公案。跋陀婆罗（Batsudabara）跨进木桶准备洗澡时，领悟了《水中三昧》。还有白隐禅师，他化缘时被人打了头，于是获得了开悟，不过，他仍然残存着些许妄念，直到他 42 岁的一个晚上，无意中听到了蟋蟀的叫声，才终于完全清除妄念，获得了圆觉。佛光禅师修行了 6 年公案《无门关》，直到一天晚上，他听到了撞钟声（用木板撞钟召集僧人的声音），获得了大悟，他当场写下了一首诗：

> 一槌打破精灵窟，
>
> 突出哪吒铁面皮。
>
> 两耳如聋口如哑，
>
> 等间触着火星飞。

以上都是关于开悟瞬间的例子。在此，我想强调一点：倘若成千佛陀和上万禅宗先祖没有遭遇这些时刻，那也就没有谁能够成佛，或者成为真正的始祖。

否认见性体验或者认为突然开悟的体验是不必要的，就好比没吃过糖却否定糖是甜的。

最上乘禅

宗密禅师这样描述最上乘禅："若顿悟自心本来清净。元无烦恼。无漏智性本自具足。此心即佛。毕竟无异。依此而修者。是最上乘禅。"

在他的介绍中，"顿悟"先于修行，但实际上，正确的顺序应该是信仰、理解、修行、开悟、"进入"或体现我们的领悟。我们相信并认为本性是纯洁无瑕的，而虚幻的感觉是不存在的，我们被赋予了丰富的智慧，而这智慧心灵便是佛陀。其实，只要我们心存这样的信念和理解，虔诚修行，便可通过修行与践行来体现这样的信念；如此，便是最上乘禅。

大乘禅认为，所谓幻觉其实也是觉醒智慧，生死即是涅槃，而幻想世界便是莲花乐土。倘若我们能认识到幻觉、生与死以及现象世界都是一个有限而相对的世界，便会明白当我们见性时，所有这些不过都是觉醒智慧、涅槃和安乐之地。大乘禅的观点就是无限而绝对的现实披着有限而相对的外衣。不过，最上乘禅则将我们简单地比作本质世界，认为"万物本觉醒"，此外别无他物。修得最上乘禅的人，不会再相信虚幻的情感，也不会再说教寻找觉醒智慧的必要。既然生死无异，便不必再劝寻涅槃；既然未有幻觉世界，便不必再找寻安乐之地。我们只要简单地相信和理解那个无限而绝对的真谛：我们本质上是觉醒的。于是我们继续修行，觉醒，践行，最终成佛。基于这样的观点，坐禅本身既是现实，也是觉醒。信仰，理解，修行，开悟，而后践行，这便是最上乘禅。道元禅师对最上乘禅最为推崇，并呼吁人人修行。

最上乘禅是禅宗修行的最高级形式，可谓是"超越觉醒世界、处于觉醒与未觉醒之间的冥想"。大乘禅将自我觉醒当做即刻目标，但最高水平的禅将坐禅视为自我实现和开悟体验。我们可以将大乘禅看作是有特色的临济宗，与曹洞宗的特点相反。在现代日本，临济宗的修行非常讲究公案的运用，主张以自我觉醒为冥想的目标。而曹洞宗则强调冥想为佛法修行的总方式，将"打坐"练习视为禅宗修行的专门方法。

如此区分，并非意味着两种禅宗派别就互不相容。相反，两派就像一张纸的两面，息息相关、密不可分。其中一派凸显出来，另一派必然紧随其后，两派始终保持着相互依存的关系。就好像手背露出时，手掌就在下面，反之亦然。所以，大乘禅在前时，最上乘禅就在背后；而当最上乘禅在前时，大乘禅就在后。上乘的实现越是重要，便越能证实曹洞宗所宣扬的打坐本身即上乘的实现。正如前文所述，无论是否开悟，"众生本是佛。"所以，从本质上说，所有人都与释迦牟尼佛过着同样的生活。唯一不同之处在于，我们没有从主观与客观的对立表现中看出日常生活的这个有形世界的本质天性。妄念^①就像覆盖在水晶表面的蒸汽，将原本清晰可见的本性，藏于迷雾之中。

不过，只要我们真诚地坐禅修行，就丝毫不必忧心这些妄念，本性的全貌必将重新显现。因此，打坐便是最纯粹的静虑形式，是初修者和已开悟者都适用的好方法。虽然见性并非最上乘禅的直接目标，但若修行者能参透打坐的精髓，最终就必然能够见性。

无论一个人修习了 30 年还是 1 天的坐禅，他与释迦牟尼佛、阿弥陀佛（Amida）、文殊菩萨（Manjushri）或菩提达摩都没有丝毫差别。正如道元禅师所言："初修者的静虑即圆觉的完整表现，这便是'体现上乘'。"

上一章讨论过的体现上乘是从现象世界观而谈，而我在此要讨论的践行佛法则是从本质世界观的角度出发，在本质世界里，万物别无差异。换言之，任何人在任何地点于任何时间进行打坐，都是完整而完美体现上乘的。禅宗静虑的价值是绝对而无相

① 日语：颠倒妄想（tendō mōzō），字面意思是"颠三倒四的幻想"。

对的，故而前文都是千真万确的。正因如此，方才称为最上乘禅——最高级别、最圆满的禅。

在《正法眼藏》的《办道话》里，道元禅师用最隆重最深奥的语言来描述体现上乘的至高场景，他对禅宗冥想的赞颂当是世间之最。

> 此单传正直之佛法，最上中之最上也。自参见知识始，勿须更烧香、礼拜、念佛、修忏、看经；只管打坐，得身心脱落。
>
> 人虽一时于三业标佛心印，端坐于三昧时，则遍法界皆为佛印，尽虚空悉成证悟，是故，于诸佛如来，增本地之法乐，新觉道之庄严。及十方法界、三途六道之群类，皆一时身心明净。
>
> ……
>
> 是时，十方法界之土地、草木、墙壁、瓦砾，亦皆作佛事；蒙其所兴之风水利益者，皆被甚妙不可思议之佛化所冥资，显其亲证；受用此水火之群类者，皆周旋本证之佛化。所以，与此等群类共住同语者，亦悉皆互备无穷之佛德，辗转广作，使无尽、无间断、不可思议、不可称量之佛法流通于法界之内外。

……

须知即便十方无量恒河沙数诸佛，皆共励力，以佛之智慧计知一人坐禅之功德，亦不得其边际也。

尽管临济宗将见性作为修行的即刻目标，但即便是见性之后，也仍要继续闻思修行。临济宗和曹洞宗的老师们甚至在大觉之后也打坐修习，并如此教导他们的学生。

丰田毒湛（Toyoda Dokutan）在许多明治时代的优秀临济大师中可谓出类拔萃，他悟觉敏锐、性情温和，常叮嘱那些完成了普通公案课的学生练习打坐。尽管一个人也许能够获得大觉，但一只法眼是无法让这个人人格成熟，更不能在开悟深处自由脱身。真正的修行，是大觉之后才开始的。只要一个人足够努力，就能将见悟之眼带入明净的一生。

但若想让自己的觉悟变得鲜活，就必须不断地与这种觉悟交融，直到将它融于日常生活之中，这个过程，便是让"人格完成"。而这个过程是永无止境的。也许三生四世可使之完成，但一生之类绝无可能。释迦牟尼佛永世修行，才获得开悟，据说他仍在继续修行。

作为"天真佛",我们本性纯净且没有污点,只要继续打磨,它就能变得无限美好。不过,如果从现象的一面来看人类本性,无论我们磨去多少妄念,总有残渣存留,因为我们的确错误不断。除开观念之差,无论是打磨一颗珍珠,还是清除永无止境的妄念,打坐都是最好、最有效且最简单的完成方法。

公案修行与打坐

第六章

　　在上一章，我提到了大乘禅和最上乘禅，并介绍了在现代日本禅宗里，临济宗如何强调大乘禅，而曹洞宗更强调最上乘禅。除此不同之外，二宗的修行方式也有所不同：临济宗的特色是公案修行，而曹洞宗则是打坐。打坐曾被称为"默照禅"，而公案修行被称为"看话禅"，两者互为对立；后来两者各自发展出了自己的宗派，两派还不时相互批评。不过，无论修行的方式是打坐还是学习公案，其最终目的都是为了真切地体验禅修。

参公案——看话禅

历史背景

　　参公案源起于释迦牟尼佛之大悟，诸如《无门关》、《碧岩录》和《从容录》等所记录的禅宗公案都以此为基础。释迦牟尼佛大证悟的所得影响了28代印度大师，随后，菩提达摩才将它传入中国。

　　直到禅宗六祖慧能时代，才真正出现了禅道。到南岳怀让和青原行思两位大师传道时，禅宗已分为五派七流。随着禅宗流派的发展，禅宗公案的数量和质量也开始增长，并逐渐形成体系。从某种意义上说，禅宗历史可谓公案历史，因此，追溯公案的演变便能发现禅宗内在深化的过程。

道元禅师总是推崇打坐，许多人便误以为他所属的宗派对公案毫无兴趣。其实，在公元1235年，36岁的道元禅师就汇编了《三百古公案》，并撰写了序言。另外，他在《正法眼藏》的各章各处也经常引用这些公案。

公案的意义

何谓公案？天目山的中峰和尚在其作品《山房夜话》中提问："佛祖机缘世称公案者何耶？"并给出如下回答：

> 幻曰公案，乃喻乎公府之案牍也，法之所在，而王道之治乱实系焉。公者，乃圣贤一其辙，天下同其途之至理也。案者，乃记圣贤为理之正文也。凡有天下者，未尝无公府；有公府者，未尝无案牍。盖欲取以为法，而断天下之不正者也。

所以，"公案"的本义便是"公府之案牍"。正如政府或某个公众团体会建立规章条例作为行为标准一样，禅宗公案便是为禅修见悟的真实度与深刻度设立评判标准。

公案的本质：看似不合理性

所谓禅宗"问道"，指的是两个或两个以上禅宗修行者相互问答传道，问道内容通常出自某则公案。在日语中，这个词一般用以指代那些难以理解的事物，其真正含义无以阐释。禅宗使用"不可解""不可捉摸""无迹可寻""无消息"等词语来表达常人理解公案的难度。

尝试理解不可理解的事物，就像水中捞月。不过，虽然公案法则难以被人理解，我还是会去尝试理解。

洞山禅师在《五位君臣颂》中，用"臣"来指代现象世界，而佛经中多用"存""异""现象""物""虚""因果报应"来指代。换言之，"臣"即常人所能理解的所有事物——我们所亲历的主观与客观二元对立的世界，通常是我们所知的唯一世界。我们的常识便是基于这个世界的常识，我们的逻辑也是基于这个世界的逻辑。

不过，现象只是现实的一面，另一面是本质世界，被称为"君"。佛经中用"不存""同""空""法""实""空虚本质"以区分"君臣"。这些词语也许意味着"君""臣""色""空"是截然不同的，但其实二者同为一物。这其实是从不同角度看待同一个现实，并且看到了这个现实截然不同的两个方面而已。为方便起见，我们将这个现实分为本质一面和现象一面。

未开悟的普通人并不知晓本质世界——现象本质，他们甚至都无法想象世界还有另一面存在。因而，他们也无法以逻辑或用以理解现象世界的常识来掌握本质世界。本质世界绝非仅是"空华"（也称空花，字面意思是"空虚的花"，或"漂浮在眼睛玻璃体上的粒子"），也绝非仅是智慧产物，它是真实存在。只不过，这个世界只能在禅宗所谓的"开悟"之后方可理解。

公案总与本质世界相关，因为正是本质世界成就了公案，没有本质世界，公案就不可能作为公案而存在。∞所代表的本质世界完全为空而又包含无限可能。真实世界，或真相世界，可以用分数来表示。假设以 α 分子来表示现象（即现象世界的任何事物），以 ∞ 来表示本质（即本质世界），其中，α 和 ∞ 二者独立但同源，或者说，α 是 ∞ 的另一面，反之亦然。《心经》将这种关系表达为："色不异空，空不异色；色即是空，空即是色。"

现象世界所产生的意识、逻辑和思想，在本质世界中都无用武之地。甚至可以这样说，∞ 世界没有意识、没有理论、没有逻辑。但 α/∞ 世界（真实、真相世界），又与单纯的 α 世界截然不同。例如，α 世界的运行原则是"一不是二"或"二大于一"，但在 α/∞ 世界中，"一即一切，一切即一"。由此可说："一中有多，二中无二。"虽然对于 α 世界的常识来说，这个理论不可理解，但只要我们能亲历 α/∞ 世界，这种不可理解便可成为事实，变得自然而然，不再神秘莫测。

那些假装理解了禅宗的人，也许会将这称为"万因之外的禅因""理解之外的理解""难以描述""不可言传"。但如此"难以描述"或"不可言传"恰恰表现了 ∞ 世界和 α/∞ 世界的坚定事实。言语无法用以描述常识所不能理解的事实。如果我们能真正理解某则公案，就能理解本质世界。正因如此，公案才能成为"公共案牍"，成为评判修行者见悟之深度和真实度的标准。

一旦我们认识了这个本质世界，就会"如鱼得水""如虎归山"，就能像大厨师快刀切豆腐那样，剖开成百上千则公案。诚如古人所说："过一关便是过千关。"这便是临济宗禅师语中的"真谛"。

曹洞宗公案

对于真正的禅修来讲，亲历本质世界最为关键，而本质世界本身便是一则公案。这便是为什么公案对于曹洞宗而言如此重要。新井石禅老师（Arai Sekizen Roshi）在《禅之精要》（*Essentials of Zen*）中这样写道：

> 于曹洞宗而言，创始人道元禅师所言公案，所指应是佛法，或是禅宗先祖的修行之道。而释迦牟尼所言《大品般若》或《妙法莲华》皆为公案，"五蕴皆空"或"诸法实相"亦为公案。当菩提达摩说"廓然无圣"时，当曹溪禅师说"本来无一物"时，他们所说的与公案有何差异吗？这就是佛法，是禅宗先祖的修行之道。所有佛教徒都将这一佛法铭记于心，并深入探索和修行。

道元禅师的《普劝坐禅仪》中有这样一句话："公案现成，罗笼未到。"其中，"罗""笼"指的就是那些阻碍我们获得真正自由的迷惑思想。这句话的意思就是，只要我们正确地静虑修行，杂念与妄想就无法进入我们的意识。

太祖大师（莹山禅师）在《坐禅用心记》中这样引导大家：

> 起定之后，不思量而现威仪时，见成即公案。不回互而成修证时，公案即见成。

在前文中，我用分数 α/∞ 来表示现成公案。现象世界的万物是本质世界的表达和实现。而正如我之前所说，∞ 是我们的真实自我，它虽为空，却包含无限可能，是我们的本质世界。当我们清楚地认识到这一点后，任何事情便都是真实自我和宇宙终极真谛的完整而完美的表达。太阳、月亮、星星、花草树木乃至一言一行，统统都是本质世界的显露景象。

不过，倘若我们缺乏对于 ∞ 世界的理解，仅仅将现象世界面当作现存公案，认为它就是道元禅师所传道的某种特殊的禅宗形式，并以此观点去说服他人，自然是大错特错。

临济宗公案

准确来讲，临济宗的公案应是"旧则"公案。虽然将《碧岩录》的《无门关》中所提及的公案或揭示佛法的 1700 则经典公案称为"公案"并无实质性错误，但它们更准确的称谓应是"旧则公案"。之所以说这些公案揭示了佛法，是因为它们都与本质世界相关。

现在临济宗的参公案一般从赵州的《无门关》或白隐的《只手之声》开始。这些公案帮助学生打破初学壁垒，得以见性，并一瞥本质世界。学生见性后，老师就会安排他在后续修行中继续学习其他公案。通过一则一则地学习公案，本质世界会变得越来越清晰，学生见性后的洞察力也将一步步融入自己的身体和血液之中。随着洞察力逐步深入，学生将变得越发警觉，越加懂得如何处理日常生活中的问题。临济宗公案进行了合理的排序，以便能鼓励学生学习，达到更好的修行效果。这样一套学习系统是复兴日本临济宗的白隐禅师所发展的，对现代日本禅宗产生了深远影响。

参公案之所以能形成系统，其先决条件便是各则公案存在类别差异。朝比奈宗源老师（Asahina Sōgen Roshi）在其著作集《禅》（1941 年）的第三卷第三章中对此进行了详细阐释，我在此简要概述一番。

公案的分类

严格来讲，公案不应归类。表面上看，公案似乎五花八门，但深入理解后，便会发现，它们所表达的都是悟的世界。虽然如此，人们还是根据公案的特点，以各种方式将它们分类，一般是根据修行阶段来对公案进行划分。对禅宗修行进行排序，这似乎有点不合逻辑，但若不如此，就无法带领修习者一步一步向上跃进。所以，学生参修什么公案，首先要看他们领悟到了哪个境界。基于此，公案的分类有三分法和五分法。

三分法

圣一国师（National Teacher Shōichi）是日本对公案使用三分法的鼻祖：

1. 理致公案。

2. 机关公案。

3. 向上公案。

"理致"即法则，这类公案使用的是经文或禅宗先祖著作中与佛法相关的词语，如"佛""佛性""佛法身""佛法究竟真理"等。

"机关"的"机"是"行为、活动"的意思，"关"指"设立关卡""关闭大门""闩上门窗"。禅宗先祖从觉醒世界里得到了行为自由，并发现了如何用言语和行为来表达常人无法知晓的道理。机关公案清晰地展示了觉醒世界与常识世界的差异，修行者学习这样的公案，可能会陷入"严重怀疑"的沟壑之中，如果他们能突破这些怀疑的重围，便将获得开悟之眼。如此可见，机关公案优于律法公案。禅宗先祖留给后世的大部分公案都属此类。

"向上"指已经开悟的修行者为除去残念杂渍而继续修行和践行的过程。修行此类公案的目的是为获得真正的自由，不再受任何事物束缚。老师会教给学生们从真正自由的意识中漂流而出的语录和诗篇，这类公案完全互不相干。"向上"公案与"向下"公案相对应，向下公案所代表的是现象世界和各种差异。现象世界清晰而明确地向我们展示了何谓"向下"，其与"向上"共同组成了一个现实：一分为二，合二为一。

《圣一国师语录》(*Recorded Sayings of National Teacher Shōichi*) 有云：

> 佛祖出兴。有理致。有机关。有向上。有向下。所谓超佛理致。过得荆棘林。越祖机关。透得银山铁壁。始知有向上本分。

《大应国师偈语》(*The Dharma Words of National Teacher Daiō*) 这样解释理致、机关和向上：

> 本派有三种公案：理致、机关和向上。理致公案包括佛陀传道和先祖"心经"中的法则与文字。机关公案里，佛祖尽显慈悲，眼睛突出，鼻孔峥嵘，口中默念"泥地之中，飞天而起"或"石马入水"。向上公案所指为佛祖直教，是万物之真貌——天是天，地是地，山是山，水是水。人人鼻直眼横。

以下为梦窗疏石国师（National Teacher Musō Sōseki）《梦中问道》节选段落，其中明确解释了理致与机关的关系。也许《梦中问道》是写给俗家弟子的作品，因为当中没有提及"向上"。请仔细品味这段文字：

问："理致教学"与"机关教学"为何？

答：若从本性观畅言，则与"理致教学"及"机关教学"皆无关联。但在利用策略发掘基本真相时，鼓励学生的方法有多种，以理鼓励的方法称为"理致教学"，而无需理由，只需棍杖、大喊或公案的方法则称为"机关教学"。两种方法各有益处。

古有大师云：

在马祖和百丈之前，大部分禅宗老师用的都是"理致教学"法，很少有人使用"机关教学"法；而在马祖和百丈之后，大部分老师使用"机关教学"法，少有人用"理致教学"法。如此看来，他们的教学方针有些"随波逐流"。

如今，修习禅道的学生要么喜欢理致教学、不喜欢机关教学，要么喜欢机关教学、不喜欢理致教学。这样的学生其实并未理解禅宗祖师的这些方法。如果说机关教学法更高级，那么马祖和百丈时期之前的所有大师，岂不是都缺乏禅眼？如果说理致教学法更高级，那么临济和洞山岂不是未知禅宗真谛？

五分法

白隐和他的徒弟们则使用下述五分法：

1. 法身公案。
2. 机关公案。
3. 言传公案。
4. 难透公案。
5. 五位十重戒公案。

公案五类分法广受白隐徒弟的推崇，这种分类方法的目的和分类顺序，其实与三类分法相同，只不过进行了更为精确的扩展分类。除原有分类外，白隐禅师将洞山大师的《五位君臣颂》也吸纳为公案，再加上《梵网经》(*Brahmajala Sutra*)的十重戒，使他的公案系统更容易理解。

也有禅师认为不该将《三归戒》和《三聚净戒》纳为"百密一疏"一案。再则，白隐禅师只吸纳了《五位君臣颂》，而完全忽视了《功勋五位颂》，后者与前者为前呼后应。如此一来，白隐禅师岂不是也"疏"了？

法身公案

古师祖将"法身"释义为"法性卽身"。法身亦指"自性""真如""法性""佛性""开悟""涅槃"，是宇宙之真实，是人之真我，是人见、闻、感、思之"主"。

法身公案充分诠释了此意。法身是开悟启迪的最基础要素。禅宗修习者通过认清法身来认清真我、认清宇宙，并由此从生与死之中解脱，获得极大平和。无论是理致公案、机关公案、向上公案，还是所有其他公案，其目的无一例外地都是为了阐明法身，并根植于法身，使人实现完全的自由。所有的公案都必定回归这一原点，所有起始于本质世界（符号图世界）的公案，都将回归。

以下列举几则法身公案：

赵州和尚因僧问："狗子还有佛性也无？"
州云："无！"

白隐问："两掌相触而出声，却闻只手之声么？"

洞山和尚，因僧问："如何是佛？"
山云："麻三斤。"

马祖因大梅问："如何是佛？"
祖云："即心是佛。"

马祖因僧问："如何是佛？"
祖曰："非心非佛。"

以上都是基础公案的典例，前两则分别是闻名于世的《无门关》和《只手之声》。而以下公案则更为细致地审视了法身世界：

十世古今，始终不离于当念；
无边刹境，自他不隔于毫端。

僧问大龙："色身败坏，如何是坚固法身？"

龙云："山花开似锦，涧水湛如蓝。"

五台山上云蒸饭，佛殿阶前狗尿天。

虽然这类公案数不尽数，但倘若我们真的能通透《无门关》或《只手之声》，或其他任一公案，那么就应该也能够理解其他所有的公案。《无门关》和《只手之声》中都包含了详细的问询，是给初悟者后续修习的公案。这些都是为了让修习者理解法身的基础和活动的"法器"。

机关公案

三类分法认为，机关公案与理致公案是同一体验的两个方面。五类分法关于"机关公案"的释义与此大体一致，只不过这里的"机关公案"所指内容有所延伸，是进一步阐明理致机关已阐述的法身世界的公案，并包含了由此而出现的不受约束却犹豫不决的行为。因而，此分类下的机关公案与理致公案不同，是更高层次的公案。修行者修习这类公案时，不必拘泥于"平等观"，也不必止步于消极无为的世界观。

如果修行者无法达到纯熟的境界，无法坦然处理现象世界的种种问题，那么禅宗修行便无益于他的日常生活。无数机关公案和许多旧公案都可以归为这一类：

临济问其师黄檗希运："如何是佛法的大意？"声未绝，黄檗便打六十棒。

《临济录》（*Record of Rinzai*）中还有许多类似的机关公案。《无门关》、《碧岩录》和《从容录》中也收录了大量此类公案。数量之多，无法一一罗列，此处再引用一则：

《碧岩录》第六十二则
云门示众云："乾坤之内，宇宙之间，中有一宝，秘在形山。拈灯笼向佛殿里，将三门来灯笼上。"

言传公案
"以言相传"指的就是用语言文字来表达佛法真

谛。也许有人会认为，禅宗门派不喜言语，因为有"言语道断"或"不立文字"这样的说法，但其实，许多杰出的禅宗大师都用文字表达出了自己的意识状态，也用言语断掉了学生的妄念。言语的问题其实是那些让言语陷入混乱的概念和思想。

据说，赵州说话时，嘴唇有光在闪动。我们一起来读几则公案，欣赏一下赵州的"唇舌之禅"吧：

《无门关》第七则

赵州因僧问："某甲乍入丛林，乞师指示！"

州云："吃粥了也未？"

僧云："吃粥了也。"

州云："洗钵盂去！"

其僧有省。

《碧岩录》第九则

僧问赵州："如何是赵州？"

州云："东门西门南门北门。"

《碧岩录》第五十八则

僧问赵州："至道无难，唯嫌拣择，是时人

窠窟否？"

州云："曾有人问我，直得五年分疏不下。"

再来看看与云门禅师有关的公案。云门禅师因长于言传，在五家中国禅宗流派创立者中脱颖而出。在《五禅宗精修要领入门》（*Gateway to the Essentials of Meticulous Practice in the Five Zen Schools*）中，日本禅宗大师东岭禅师（Tōrei Zenji）这样评价云门禅师，"云门宗在选择语言、词汇来处理亲疏远近的关系时，自有其原则。"以《碧岩录》为例：

《碧岩录》第六则

云门垂语云："十五日以前不问汝，十五日以后道将一句来。"

自代云："日日是好日。"

《碧岩录》第四十七则

僧问云门："如何是法身？"

门云："六不收。"

《碧岩录》第六十则

云门以拄杖示众云："拄杖子化为龙，吞却

乾坤了也。"

《碧岩录》第八十三则

云门示众云："古佛与露柱相交，是第几机？"

自代云："南山起云，北山下雨。"

类似的公案不计其数，每一个字，每一组词，都可称为言传公案。据说，云门的言传公案一般包含三句。《五灯会元》中云门弟子德山缘密的章节里，就有关于"三句"的解释：

上堂："我有三句语示汝诸人：一句函盖乾坤，一句截断众流，一句随波逐浪。"

"函盖乾坤"指的是禅宗大师给学生的答复，能精准地为学生解惑，就好像手艺工匠精心制作的盒子，盒盖完美贴合，能使滴水不漏。第二句，"截断众流"，指禅宗大师言语能切断学生的妄念。最后一句，"随波逐浪"，指禅宗大师能适时适当地回应学生的渴望，仅凭只言片语就能传授佛法，就好像一大波浪涛之后，总有小浪紧紧追随一样。

言语之中要想包含"三句"之一都不容易，而云门的只言片语却都包含了所有"三句"，可见云门言语之深奥，值得细思品味。

难透公案

这类公案虽然被称为"难透"公案，但"难"在学生，而非公案本身。一则公案对这一个人来说也许容易，但对另一个人来说却很难。因而，很难客观地判定某则公案是否难以通过。不过，白隐一派将某些修行公案归为难透类，也自有其道理。我们到达一定的觉悟境界后，往往会开始满足于所得，不再渴求持之以恒。然而，在冥想修行的道路上，无论我们身处何处，都不能妄言，"此足矣"。就像"青天亦须吃棒"里说的，迷惑的尘埃无处不在，有时我们自认为已将它们彻底清除，但其实仍有大量残余。在禅宗历史上，许多人在修行过程中半途而废，他们非但没有感受到佛法禅道带来的平和，还缺少能力去帮助他人。难透公案就好像一阵山风，提醒着我们，前方仍有座座大山要攀爬。

这些公案在初读时，也许会让人觉得非常难以理解。但也正因为如此之难，所以它们才能为修行者清除觉醒道路上的所有杂思妄想。临济宗将其标准的"祖师禅"打磨得完美至极，这类公案能让人精力充沛，思想纯粹，心灵洁净，不受佛与法的束缚，不再念及自己与他人、受骗与启悟、普通与神圣。

以如下诗句为例：

> 风吹碧空浮云散，月上青山一皓珠。

又如：

> 大雨过云凝晓半开，数峰如画碧崔嵬。

只有在独参时参透了这些难透公案，才能真正领悟到它们给人的教诲。

白隐禅师有八则"难透"公案，临济宗的修行者自当十分熟悉，但其他人也许还不知晓。白隐禅师在《朱唇老妇碾磨歌》(*The Grinding Song of Old Lady Shushin*) 中提到了这些公案：

> 修行流岩宗（Flowing Rock Zen）的成果时，

如不打破这些壁垒，就无法得道通行。《疏山寺塔》《牛过窗棂》《乾峰三种》《犀牛角扇》《白云未在》《南泉旁化》《倩女离魂》《婆子烧庵》，这些就是达摩洞的爪牙，是护身符，能夺走生命。当你通过了这些壁垒，能畅游佛教与非佛教经典，并收获无限法宝时，必定也能营救三个基本活动。（以上公案分别出自《宗鉴法林》、《无门关》及《碧岩录》）

论及难透公案，须当心过分投入解案而忘了禅修的真法——静心休息。这些公案虽然"难透"，但也不过是帮助我们深度觉悟、最终消除一切杂念的工具而已。倘若我们忽视了觉醒的基本要素，而将精力耗费在解密公案上，那么必将困于现象世界的浪涛和漩涡中，无法踏足本质世界一步。我们也许能在形式上通过八大难透公案，但如此一来，其实乃止步于起始，即便到了梦中也无法认识本质世界，更无法获得真正的心境平和。这样的例子不止一二，并非我凭空想象。（参见《功勋五位颂》第八章；山田禅师在本书中并未参考《五位君臣颂》或《十重戒》。——英译本编者注）

只管打坐——"默照"禅

道元禅师在其讲道词中，深刻明确地阐释了"打坐"的精髓："只管打坐，得身心脱落。"（出自《正法眼藏》之《办道话》）此一句中，"身心脱落"最为重要。若不能让人"身心脱落"，打坐便只是一种"无事禅"。也正因为如此，打坐修行最容易被滥用。"身心脱落"是道元禅师自己"破穿桶底"后的感言，他用这个词组来表示自己感觉启悟，并经历了"人空与法空"。其实，道元禅师的经历与禅宗历代先祖无异，若非如此，他也不会说，"直证得佛法"。

1223 年，24 岁的道元拜荣西禅师（Eisai Zenji）的高徒明全和尚为师，并与他一同来到中国大宋。多番游历后，道元在天通山寺见到了天童如净禅师，这一面，使他认定，随侍如净禅师，能帮助他完成修行。

当时，道元禅师已随荣西禅师和明全禅师修行了 9 年，精晓临济宗教学。普通人也许会满足于此，但道元拥有坚持不懈的自省精神，不肯就此止步。他必然是意识到了，还有几丝妄念像薄雾一般，未被清除。所以，他后来才会在《普劝坐禅仪》中写道："毫厘有差，天地悬隔。"这句话必然是他个人的心得体会，由此也可以想象，道元的大宋之行，正是为了清除他的"毫厘之差"。见到如净禅师后，他便认定其为自己的正师。两人的相遇造就了一段意义深远的佛法关系，不仅丰富了佛法，更成就了一代禅宗祖师。

　　道元禅师师从如净禅师两年有余，负责引领禅宗学生修习。有天夜里，在黎明前的打坐期间，有个和尚在坐垫上打起盹来，如净禅师见状，便来到他身旁，异常严厉地批评道："禅修之时，身心皆须脱落。你却为何这样睡去了？"

　　坐在最前方的道元听到"身心脱落"几个字，猛然顿悟。他完全忘记了自我，一跃而起，跟随如净禅师进了内堂，并在那里烧香磕头。

　　"你烧香做什么？"如净禅师问道。

　　道元禅师回答："因为我的身心已然脱落。"

　　如净禅师听闻，便说："身心脱落，脱落身心"——这是印证之语。

　　道元禅师却审慎地说："不过一瞬而已。请不要轻易为我印证。"

　　"我不会无缘由地为你印证。"如净说罢，再次为他印证，眼神坚定。

　　"为什么你不会无缘由地为我印证呢？"道元问。

　　于是，如净禅师便给了他最终印证："脱落身心。"

这两个词组清晰明了，"身心脱落"和"脱落身心"都表达了开悟所得，即"人"与"法"皆为空。

在《传灯录》第二十二章，谈到世亲（Vasubandhu）获得觉悟时，莹山禅师如此评价：

　　倘若你认为，人生在世，必须成佛或得道；或在求道途中，知其必要，而开始苦修，开始无休无眠地打坐，并为了积德而拜佛诵经。但如此一来，却也像于天空撒花，于无洞之处挖洞。即便千秋万世如此反复，也无法获得自由。

这些话是基于大圆觉的立场而言，尚未获得圆觉的人不可依字面解读。莹山禅师的意思是：即便有"只管打坐"这样的劝示，一般人还是不能仅仅依仗在垫子上长时间地打坐就成为真佛。没有"身心脱落"，我们就不可能获得自由，如此，便只能留在六界之中，无法逃脱生与死的苦难。因此，莹山禅师又说：

即便如此，无论是刚开始修行的人，还是已经修行了一段时间的人，都必须去探求真理，并寻得安宁。那么，该怎么做呢？如果你自己没有获得觉醒，那便很容易受他人言语的蛊惑；所以，请睁大你的眼睛，明辨真假，免受恶人愚弄。倘若你仍然认为世上并无达摩，只是从我这里听闻一二，那么达摩便不存在，便只是一种思想。这时，倘若有人出来说教，告知你达摩是可以获得的，是你必须进一步修行才能获得的，那么，你便会陷入混乱、混沌不安。

所以，你必须遵循正确的佛法教义，并真诚勤勉地修行，以便为自我寻得一片心安之处。能达到这种状态的人，就好比饱腹之人，即便向他提供山珍海味，他也不会再吃了。

一条无形的界线将禅宗分为"无事禅"和"只管打坐"。无事禅没有结果，坐禅永远不会产生身心脱落或突然觉醒的经历。倘若要问为何会出现这样的差异，我便只能再次强调，禅宗静虑的结果因禅修者的目的而异。如果你打坐的目标是普通禅，那么你将收获普通禅。如果你打坐时坚信不必要身心脱落，只管打坐就行，那么你便不会身心脱落；无论打坐多久，你的法眼都不可能开启。

无论是初修者，是经验丰富的打坐者，还是已经开悟的大师，打坐都是"在初始、持续和后续阶段修行的最佳方法"。打坐是禅修的主路大道。佛陀和禅宗先祖也都参与打坐。在释迦牟尼佛之后，除了打坐，再无其他禅宗可言。公案练习也是到了中国唐朝时期才开始辅助修行的。不过，在早期，公案是用来测试修行者的领悟深度，判定他们的意识是否成熟。直到后来，公案才用于让初修者在第一次禅修时突破第一道关。

纵观打坐和参公案在禅宗教学中的使用情况，可以分出以下四大类：

一是道元禅师所宣扬的"默照"禅，这类禅将打坐作为贯穿禅宗修行始末的唯一方法。

二是当今日本大部分临济禅修中心所推崇的，将公案作为主要修行方法，从第一道关开始，到最后一关，以此完成正式修行。

三是莹山禅师在《传灯录》和《坐禅用心记》中所说的，以打坐为主、公案修行为辅。

四是以公案修行为主、打坐为辅的禅修行为。在这类禅修中，即便已经完成了公案修行，也可以继续打坐。临济宗的一些大师就使用这类禅修方法。在开悟启迪之后，除了打坐，没有哪种冥想形式还能让修行者进一步成佛了，公案也只不过是无用的装饰而已。正因如此，我们才将打坐视为禅宗静虑的主路大道。

打坐的本质便是打坐，心思时刻如紧绷的弦一样。打坐时，就要像是在与大师剑客决一死战一样，稍有松懈，就会让对方的剑正中脑袋，一命呜呼。打坐时，甚至不容许有半秒分神。真正的"打坐"，就是要全神贯注而坐。

在其他形式的禅宗冥想中，无论是计数呼吸、追随呼吸，还是研究公案，总有一种行为中心需要修行者集中精神。但在打坐中，不存在这样的中心，"坐"便是行为。

不过，虽然我认为打坐是所有阶段的禅修者的唯一主路，但如若没有坚持不懈的毅力，就很难得到开悟启迪，对于初修者来说，尤为如此。如果坚持打坐的人真正通了关，那么他将有机会见悟到自己的本性，且不会残留一丝错觉。不过，除了过去那些伟大的禅宗大师之外，普通的修行者没有坚持不懈的热诚，是很难仅仅通过打坐就获得开悟的。对于可能没有先辈们那种无畏精神的现代禅修者来说，尤为如此。

第七章

寻找正师

道元禅师在《坐禅用心记》中这样写道：

　　不得正师，不如不学。

他还写道：

　　随师正邪有悟为真，以之可晓。

只有在正师的引导下，我们才能获得真正的启悟；追随了错误的导师，就会误入虚假的历程。在修行过程中，这一点最令人担忧。那么，该如何辨别正师与伪师呢？

其实，我们几乎无法辨别，对于禅修初修者来说尤为如此。针对这个问题，道元是这样建议的：

　　　何以知之然乎，见言而察也，如酌流而讨源。

我们可以通过检测下游水来判断源头水的质量，也可以通过一个人的言辞来判断他是否见到了真正的事实。拥有正法眼的老师，其言语自会发光。细观《无门关》、《碧岩录》或《从容录》中禅宗先祖的言论，到处弥漫着这样的光芒；而《正法眼藏》与道元禅师有关的章节，这样的光芒更是无处不在。

没有发出这种光辉的短文则令人费解，单凭常识是无法理解的。而发出这种光芒的每一行，便都是一则公案。我们用正法眼去看那些字句，便不会觉得它们不合常理，只会觉得它们是世界上最自然而然的事物。那些没能发出这种光芒的禅宗书籍，就好比没有经过烈火锤炼的刀剑，缺少真钢真铁的锐利。拥有正法眼之人看到这些书，只需一瞥便可知晓这些作者都空有其名。

对于尚未开悟眼界的人来说，应该用什么标准来鉴定正师呢？对此，道元如是说：

　　所谓正师，无论年长与否，只要明晰正法且受大师印证即可。他不受书文影响，也不由观念先入为主；他的能力自当超凡脱群；他能不受制于个人情感，不受困于情绪之中；行动与思想统一。这便是正师。

最重要的标准是该导师是否能明晰正法，并受正师印证。至于自我认证，自然是不可接受的。只有真正的大师——受到有资质的禅师认可的人——才能判定一个人是否能够明晰正法。如果将自释迦牟尼以来历代有资质的禅师逐一回溯，你会发现，这种连续性可被称为"禅之命系"。传承的过程也许看起来比较形式化，但这种形式主义却有着极为重要的功能，能忠实地传递没有形式的觉醒现实。只要保存好传承的形式，就能减少误判的机会。

禅宗老师只能根据自己的体验，依葫芦画瓢地检视学生的体验，除此之外，别无他法。如果一位老师体验了真禅，他便能实际地查明学生的修行进展，也能了解他们的精神状态。如此，他才能根据学生的需求，在不同的修行阶段，为学生量身定制最适合他们的练习方法。所以，道元禅师才如此总结，"随师正邪有悟伪真，以之可晓"。

道元还说，"正师不必先有所著述或发表高见。"正师的体验远比他的名号更为重要。当然，一个人若想引领他人修禅，必然会用到语言、概念和思想。利用语言并没有错，只是在实际经历中不可让语言先入为主；而如果没有领悟的体验，概念和思想则与空洞的理论别无他异，只有思考，才能收获启迪。

菩提达摩如是说：

达大道兮过量，通佛心兮出度。

道元用他的忠告回应了菩提达摩的这番话，他认为，正师的"能力自当超凡脱群"，他为那些在正师那里结束了修行之路的初学者感到惋惜。所谓"超凡脱群的能力"，自然是与普通常识的范围不符。这种能力只属于那些能阐明自我，并洞察宇宙实相的人，换言之，就是因见性而生的能力。真正的大师超越了所有的标准或修行水平，因为禅是直接进入佛之范畴的。一个人必须拥有坚定的决心，想一跃而过所有水平，并永远前进在修行之路上，才能被称为正师。

道元禅师还说正师"不受制于个人情感，不受困于情绪之中；行动与思想统一。这便是正师"。此处"个人情感"指的是自我满足或自命清高等基于二元对立而产生的观念和感觉，与开悟启迪毫无关系；换言之，是根植于自我的错觉。一个人只要仍然陷在自我本位的理解与情感之中，他就不是一位正师。

正师的行为与理解必须从根本上保持一致。诚如菩提达摩所言：

明佛心宗，行解相应，名之曰祖。

菩提达摩向我们展示了一位真正的禅宗大师的形象。当行为与思想统一的时候，开悟经历的内容与开悟者的一般行为也必须统一。要达到这样的境界，非常困难。此处"思想"所指并不仅仅是智慧思想，更指直接的开悟体验。尽管开悟不易，但只要我们虔诚修行，还是有可能达成的。不过，即便开悟了，也很难坚持将所悟所得融于日常生活之中。许多人喜欢高谈阔论，却总是言行不一，所以，他们都没有资格成为正师。

希望以上观点能帮助大家认清，什么是道元禅师所说的理想老师。正如我们所知，一般人很少活得理想，从古至今都是如此。那么，如今有多少被尊为禅宗大师和老师的引导人们进行禅修的人能通过道元禅师的考核呢？在上述几项资格中，哪一项是即便其他几项资格有所缺乏也万万不可或缺的呢？当然是"明晰正法且受大师印证"。对于禅宗修习者来说，如果能遇到道元禅师所说的理想导师，那便是美好的事情！我们也许不能期待一个完美的导师，但至少要坚持上面这项资格条件。

任何老师，如果想成为理想的禅宗大师，必须努力效仿这个典范，始终持续而热诚地修行，以期达到目标。从接受引导的禅宗修习者的立场来讲，只要老师"明晰正法且受大师印证"，那么他便要忽视老师的其他不足——只要不是有危害的行为——相信、接受、尊重并追随老师的引导。

世上没有完美无缺的禅宗大师。每一个老师都有自己的错误与缺点（有些人的缺点甚至比普通人的还要糟糕）。但只要一个人能够明晰真法，他就能比别人更清晰地认识到错误，并在开悟后的修行路上慢慢将这些错误清除。倘若一个人不愿付诸这样的努力，那么本应明朗的真法便会变得疑点重重。对此，道元禅师明确而详细地作了阐释：

> 对于修行最上乘禅的人来说，最难的事便是寻找一位导师。导师是男是女都没关系，但必须是一个伟大的人，是本如之人，是不属于过去也不属于现在的人。

……

一旦遇到了能引导你的大师，你就必须专心寻道，摒弃所有凡尘事物，绝不虚度一分一秒。

……

你必须全心修行，不能无心，也不能三心。你必须修行，且丝毫不能犹豫，就像扑灭你头上的火一样毫不犹豫。你必须带着跪一个星期脚尖那样的毅力去修行。如此，那些诋毁禅修的人就不会干扰到你。你将能意识到，那位断了自己手臂而获得启悟的先祖并不是别人——那个获得了身心脱落的老师就是"我自己"。

尊法的意思便是，无论引导你的是柱子、是悬挂着的灯笼、是佛陀、是野狐、是凶神、是一个男人，还是一个女人，只要它支撑着达摩佛法，并获得了启悟，那么你就必须脱落身心，永永远远地追随它。得到身与心非常容易，世界各地随处都是困惑的身心。只是，要想遇见达摩，则难之又难。

释迦牟尼佛说，倘若你遇到了说教最上乘禅的大师，请不要在意他们的阶级与地位，也不要轻视他们的缺点，更不要评判他们的行为。因为我们要尊重智慧，所以我们每天都要重金供奉这些大师。每天给他们献上贡品食物，撒上供奉的鲜花，无论忧心或悲伤，都要虔诚地鞠躬三次。如此，定能找到方向，获得最上乘的启悟。

从修行和讲道佛法的角度来说，即便一个人的导师是个7岁小女孩，她也仍然是四类信徒的引导大师，是慈悲之父。

……

我们应像敬重佛陀那样，赞扬与尊敬她。这便是佛道的传统。

第八章

开悟之深浅

　　"开悟"这个词涵盖了无限的深浅程度与体验的清晰程度，而每个人的开悟情况各不相同：有的人在第一周集中冥想时就参透了《无门关》公案；有的人艰辛地修行了30年，才终于冲破了最后一层妄念，获得了真正的自由状态。如今拥有慧眼的正师极为少有，能为修行者提供实践性详细指导的老师更少之又少。多数人只获得了一点点开悟，就开始吹嘘自己的经历，不仅欺骗自己，也误导他人，让别人也同赴愚昧无知之途。因而，我们很有必要正确理解一个人开悟的深浅程度。

　　首先，便是理解开悟经历本身。"开悟"指一个人通过亲身经历，直接看见本质世界。但要想让见悟之眼变得完全明晰，仍需长期不断地修行。开悟世界超越万法与常识，被称为"最高级的一色边"，或"空独世界"。只要我们仍存留于这个世界里，日常世界的一切于我们便毫无用处，因为这里是"无他"世界，纵使我们誓言要拯救众生，但这里已没有任何苍生可言。在这里定居的人被称为"活死人"。佛陀和历代先祖都曾警告修行者，在修行路上，坠入空无陷阱之事时有发生，应时刻当心。

因此，我们在突破开悟世界后，必须回到平凡世界，即常识世界。我们获得启悟后，必须清除所有踪迹，并明白我们所认为的存在于平凡世界和开悟世界之间的界限其实并不存在，由始至终，这"两个世界"其实本质上是一个世界。

其次，要理解开悟觉醒后的修行动机。我们要清除残留的妄想与固念，让人类本性的光芒照耀前路。我们悟到了本质世界，并在见悟之眼开启后，见到了万法一体。然而，从习以为常或本能幻想的二元对立中产生的激情与妄念，并不会在一夜之间消失。因此，清除妄念在见性前后均是一项重要任务。

我们还要进入清除所谓的法执的艰辛过程，即清除我们关于佛、法，以及有着佛或佛教意味的一切。我们偶尔会在禅宗记载中看到诸如"遇佛杀佛，逢祖杀祖"之类的话，这些话可能会让外行感到非常惊讶。但这个指令，并非如字面那样要求我们去杀佛杀祖，而是让我们除去佛祖的概念。如此，方能达到本我的安宁。

于此，莹山禅师如是说："夫坐禅者，直令人开明心地、安住本分。"此"本分"所指便是我们的真我本性。当我们"安住"其中时，便能依照宁静真心而行事。修行到了这一步，也便离顶峰不远了。

那么，接下来又将如何呢？自然是誓度一切众生，馈世以坚持和执行教义，将自我价值发挥至极，将他人也带入真心安宁。这便是"菩萨精神"或"菩萨誓愿"，是《四弘誓愿》的第一愿和第一种修行："众生无边，誓愿度。"当我们到达修行的最高阶段时，菩萨精神自然出现，并成为转法轮，无休止地旋转。

《从容录》第九十六则公案《九峰不肯》中就强调了开悟经历深浅的重要性。九峰道虔为石霜庆诸和尚门下之徒，常侍其左右。其师石霜师从道吾圆智，为药山惟俨禅师徒孙，他在中国潭州（今长沙）石霜山生活了 20 年，其徒众被称为"枯木众"，日日静默修行。公案原文如下：

> 霜迁化后，众欲请堂中首座接续住持。峰不肯，乃云："待某甲问过。若会先师意，如先师侍奉。"
>
> 遂问："先师道，'休去，歇去，冷湫湫地去，

一念万年去，寒灰枯木去，古庙香炉去，一条白练去。'且道，明甚么边事？"

座云："明一色边事。"

峰云："恁么则未会先师意在。"

座云："尔不肯我？那装香来。"

座乃焚香云："我若不会先师意，香烟起处脱去不得。"

言讫便坐脱。

峰乃抚其背云："坐脱立亡则不无，先师意未梦见在。"

首座和尚回答"明一色边事"，表示他认为石霜已经谈论过开悟世界。"一色边事"所指便是从最高点看万物皆为一色，而到达这个阶段便意味着已抵达自己的"无"世界。有禅师这样讲授这则公案：

如果他回答"明一色边事"，那就太遗憾了。因为，只看到平等与相同世界的觉悟是浅显的觉悟。如果他看万物皆为平等而相同，那只获得了基本智慧。他必须更进一步，揭露"其后获得的智慧"，即"妙观察智"。他必须用平等之眼去重新看待千差万别的世界。倘若只认识到相同方面，那这样的开悟便是病态的。石霜离开了万物被视为一色的病态世界，开始"七去"，并在后来的修行中越发清晰而深刻地觉悟。当他脱去万物，擦亮启悟之心，并变得明晰后，又变回了平平凡凡的本初之人。这便是石霜"七去"的含义。难怪他的侍从不能接受首座和尚的回答！（出自《从容录独语》）

刻意在打坐中死去绝非易事，而通过集中精神来完成这些更堪称壮举，与开悟截然不同。只要能集中精神，坐着甚至站着死去都不无可能。这位首座和尚显然绝非拥有这种能耐的个例，而他任意死去的能力并不能证明他获得了圆觉。我猜测，九峰其实是不忍为首座和尚而感到遗憾，因为他误解了专心，认为那就是禅修的终极目标，而他还没有理解师父之意就离开了这个世界。

这则公案提出了开悟深浅的疑问。在独参室里，禅宗门徒必须解答为何各阶段的经历循序渐深。综合而言，我们可能会用如下标准来测定开悟的深度：

1. 见悟之眼有多清晰？有多清晰地见过本质世界？

2. 开悟减弱到什么程度后，一切才回归正常？

3. 与开悟相关的情绪、观念和思想被清洁到了什么程度？即你的人格在什么程度上流露出了你的证悟？

4. 你"安住"于本质中多久？即平和真心到了什么程度才成为你自己的？更具体地说，觉醒将你的日常生活转变到了什么程度？

5. 你兑现了多少个普度众生的誓言？

说了这么多，我们到底该如何深化和净化觉醒经历呢？道元禅师说，只有一个途径：

……自参见知识始，勿须更烧香、礼拜、念佛、修忏、看经；只管打坐，得身心脱落。

禅宗传统发展出了两种不同的方法来检视我们开悟的相对深度和我们在世界上的活动：一是洞山禅师的两篇"五位"颂（《五位君臣颂》《功勋五位

颂》），一是廓庵禅师的"十牛图"。

洞山的《功勋五位颂》

曹洞宗开山之祖洞山良价禅师写了两篇"五位"颂——《五位君臣颂》和《功勋五位颂》。

在《五位君臣颂》中，洞山从平等与差异（本质与现象）两个方面分析了真我。尽管我们可以将这样的分析称为哲学思考，但它其实并非理论假设，而是基于一段清晰明确的见悟体验所做的阐述。

第二篇《功勋五位颂》则与觉醒的深度有关。洞山用"五位"来展示禅修过程中步步成熟的进度。该五位如下：

1. 君向臣不共。
2. 臣奉君一色。
3. 君视臣功功。
4. 臣向君共功。
5. 君向臣功功。

君向臣不共

这个阶段便是面朝正确方向。我们必须朝什么方向前进？我们对于自己该做些什么来认清真实自我有多明确的理解？

我们信任佛陀和禅宗先祖的教导，遵循正师的引导，并且明白我们必然会朝着自我实现的方向前进。我们也清楚地知道自己要去实践和探寻的每一步。这一阶段便是"发心"或"向道心"。不进入这个阶段，就永远无法成佛。因此，佛陀和禅宗先祖自古便将其视为最重要的阶段，并为之倾尽一切。面朝正确的方向是修得佛果的第一步，一旦迈出这一步，我们就必然能到达最上乘。其余的只是时间问题而已。

《妙法莲华经》里有一则寓言：一个富人的穷儿子容易轻信他人，他一直在异国他乡漫无目的地游荡，后来顿悟了一个真谛，即每个人本能都是觉醒的，并最终会踏上回到原始家乡的第一步。他历经千难万险，但始终不屈不挠，最后终于来到了他真正的家门前。这便是"定向"阶段。

对于这个阶段，洞山有诗如下：

圣主由来法帝尧，

御人以礼曲龙腰。

有时闹市头边过，

到处文明贺圣朝。

一位"面朝正向"的禅修者，好比一位德才兼备的统治者。也许这样将处于第一阶段的普通人比作圣主有点牵强，但有一点要注意，普通人本质上都是佛陀，是"赤子如来"。如果这些人都是婴儿如来，那么将他们称为"圣君"也不足为奇。

尧帝是中国古代赫赫有名的统治者，与舜帝、禹帝、汤帝齐名。古时被称为"贤主"或"圣君"的统治者，大都遵循传说中的尧帝那样治理国家。同样的，禅宗修行者也追求和实践着超凡的觉醒经历。只要修行者相信佛陀和禅宗先祖的教义，他就会向着佛法的方向迈步，追随并得到正师的引导。

随后，诗文主题由"圣主"转为如何统治天下。"御人以礼"的本意指，为了给人带来平和，统治者全身心地投入到引导诸臣的任务中，比喻禅宗修行者千方百计让日常生活中的修行也在自己的掌控之中。正如圣主以礼对待自己的臣子一样，禅宗修行者也以礼来执行自己的行动。真诚是最基本的礼仪。孔子的徒弟在赞颂孔子时，也表达了礼仪本质："夫子温、良、恭、俭、让以得之。""龙腰"指的是皇帝的腰。真正杰出的君主，会放下高位，屈身弯腰，以礼行事，恭敬无失。同样，禅宗修行者也必须忠诚、真心、谦卑地与人相处。

明主以尧帝为榜样来行事，到街头体察子民的生活。禅修学习者在日常生活中应该这样练习：日日夜夜，忠于佛法修行。

我在此要提醒各位，参习《无门关》公案的人，所受的教导是要他们继续练习一整天，绝不放走"无"。经常有人问我，可不可以在逛街、学习或工作的时候不参习《无门关》。这个问题合情合理。我的答案是，如果你走在不拥挤的街道上，那完全可以一边走一边练习——这是一个非常好的练习方式。不过，如果你行走的街道非常拥挤，或者你正穿行在一个繁忙的十字路口，那就必须专注走路，免得撞到人，或者被车撞。在此后的练习中，你会明白，这种专注本身就是对"无"的禅修。修行时，你必须将"无"搁置一旁，全身心地投入到修行之中。一旦专注地坐下，就立即开始修行"无"，并且摒弃其他所有念想，全神贯注于"无"。至少对于外行修行者来说，这是一种最实在的修行方式。

从静虑练习的角度来看诗句的末尾，可以看出，婴儿佛陀在练习中逐渐成熟，逐渐养成了专注力。本性的宝石清澈明晰，修习者可以自然而然地行动，不受波澜起伏的情绪影响。所以，这首诗将这个阶段称为"八月王朝"。这种静坐练习最好能持续数月或一年。即便你没有见到自己的本性，你的生活状态也会逐渐提高，日常生活中的问题也会自行解决。这不是理论，这是事实。我相信，这首诗的作者绝非唯一有此经历的人。

臣奉君一色

这一阶段指的是自己奉献服务或孩子侍奉父母的行为。从禅宗修行的视角来看，在这个阶段里，我们不顾生死，只将视野放在觉悟上，并决心要冲破这个"一大事因缘"的最深之源。现今所谓的见性，其实仍处于"向"阶段。而"奉"则是见性之后的练习阶段，在这个阶段里，我们还要不断学习一则则公案，一步步除去我们的杂念，直到最终获得大圆觉。

　　我认为，这种情况曾被解读为静虑修习的阶段，修行者为了遵从佛意，诚惶诚恐地避免着与之相悖的行为。但我们只有明白了佛意究竟为何，"遵从佛意"才有意义，否则，我们也不知究竟该如何练习。当然，我们必须以真正修行的态度，尽最大能力去领悟佛意。

　　这个阶段的诗句如下：

　　　　净洗浓妆为阿谁？
　　　　子规声里劝人归。
　　　　百花落尽啼无尽，
　　　　更向乱峰深处啼。

　　这首诗将禅修者在这个阶段的练习比作宫廷里沐浴梳妆的侍女的活动。这些宫中少女为谁而妆？毋庸置疑，是为她们的君王，她们梳妆打扮只待见君王。从禅宗修行的角度去看，这位君王便是真实自我。对投身于练习中的禅修者来说，清净身体尤为重要。即便是无法每天好好洗澡，也至少要用热水和冷水冲一遍，用毛巾擦干。禅修者的服饰要简单洁净。穿上新衣服时，整个人的精神自然也焕然一新。香水或浓妆艳抹会令他人分心，应尽量避免。

不过，清净心灵却比拾掇外表更为重要。除了放下对名利和财富的欲望，放下腐化的思想之外，还必须摒弃对于禅的所有执念，遵从老师的指引，遵从佛陀和禅宗先祖的教义。这便是通往真实自我的本质佛性的道路。对于练习《无门关》的人来说，想要正确地练习，就要将"见性"的想法抛诸脑后。

"子规声"催促我们回到自己的真实家园，唤醒真实自我。其实，不止布谷鸟的叫声，我们看见或听见的任何事物都可以将我们唤回真实家园，平静坐下。中川宋渊老师年轻时曾写下这样一首和歌：

在我的隐所，深思生死无尽无止。

青蛙呱一声，日落日出又是一日。

这首诗歌生动地描述出了年轻的宋渊和尚是如何寻找禅法的。青蛙的一声呱呱叫，便将我们唤回了家园。

"百花落尽"是什么意思？长年的痛苦经历为我们结出了累累果实——关于自我与他人、幻觉与启悟、普通与神圣的诸多妄念——一个一个纷纷落下。

但关于分离的妄念却紧紧相随，难以断离。最后几个阶段的那些令人难以琢磨的妄念，是最难割舍的。此时，我们继续努力，直奔 1000 英里（约 1609.34 千米）的铁路，并对自己说"未到！未到！"这个阶段便是"无尽召唤"时。

尽管我们认为百"花"落尽，但错知误识的尘垢却永不散尽，层层叠叠，像连绵不断的山脉一样。我们必须继续一步步前进，走入这山脉之中，历尽千难万险，直到我们能全身心地专注在禅定修行里。而这，便是"更向乱峰深处啼"。

君视臣功功

这是圆觉阶段，我们的努力在这一阶段得到了回报。我们在之前的阶段里历经数年苦行，如今终于修得成果，收获启悟。在这个阶段，我们要扫除一切，要清晰地领悟"碧空无云"的世界。

诗句如下：

> 枯木花开劫外春，
>
> 倒骑玉象趁麒麟。
>
> 而今高隐千峰外，

月皎风清好日辰。

当我们在《无门关》公案中练习静虑，或在打坐修行时，错觉的枝叶就开始凋零。它的树干会慢慢死去，但即便在树干也枯萎的时候，树根还在苟延残喘。只有当它的活力完全枯竭殆尽后，才是伟大的死亡时刻。在这死亡之后，伟大的生命便开始出现。这便是"劫外春"。

原诗用"劫外"来表示永恒。"劫"译自梵文"kalpa"，意为极其漫长的时期，有时延伸为宇宙起源至完全灭绝；"劫"也可以指代普通的日日夜夜。但无论它为何意，"劫外春"存在于普通春天之外的不同维度。当我们消除了所有妄念臆想时，永恒的春天突然就以恒久平和的状态出现了。

诗中用"倒骑"来表示你暂时性地区别了"我"与"他"，而实际上两者之间并无区别。"玉象"指的是巨象，是兽群之王。这其实是我们内在佛性的象征，这个"我"遍布天地。麒麟是一种神兽，或者，如安谷禅师所言，是"万圣之象征"。而我更愿意将它视为"清除天地万物之'他'"。"他"其实是

"我"的投射，正如麒麟与象的对立一样。主观与客观并非起源不同的两个事物，只是我们暂时将这个世界用本不存在的它们区分开（倒骑），并将其中一个称为"玉象"，将另一个称为"麒麟"。

这样一来，不难看出，整个修行之路便是完全解放我们原始本性的活动。换言之，我们既完全控制着感官世界——视觉、听觉、嗅觉、味觉和触觉，也控制着五欲世界——财欲、色欲、食欲、名欲和睡欲。对此，有禅师这样解释："衲僧家骑声盖色，头头上明，著著上妙。"这究竟是怎样一种体验呢？听到的，看见的，所站的，所坐的，所喝的，所吃的：尽是它。举起一只手，伸出一只脚，动一动眉毛，眨一眨眼睛，皱皱眉头，或微微一笑：万事万物都是"倒骑玉象趁麒麟"。

"此刻"是时空合而为一的时刻，此时此刻；它可以是任何时间，任何地点，但它一直都是"此刻"。"高隐"意味着"我"消失了。诚如二祖所言，"弟子心未安，乞师安心"——自我之空显而易见。我们寻找过自我，却无法找到。当我们明白主体之空时，就会发现，自我毫无踪迹可寻。

"高隐千峰外"指的是我们已越过无数山峰。但这些山峰到底是什么呢？我们可以将它们看作分离的妄念，比如"我"与"他"、蒙蔽与启悟、普通与神圣，但我更喜欢更宽泛地将它们视为整个客观世界。我们已经清楚地看到了万法皆空，但现在，这种空却毫无痕迹地消失了。

正如永嘉大师在《证道歌》中所言：

> 不求真、不断妄，了知二法空无相；
>
> 无相无空无不空，即是如来真实相。

至于最后一句"月皎风清好日辰"，则是让收获了这种意识状态的人庆祝自己的日常生活，暗示美好的日子还将继续。日日是好日，年年是好年。但这种状态绝非轻易就能得到。你必须能在独参时与正师陈述自己对这首诗歌的鉴赏，能充分理解其意，并用自己的方式将其表达出来。

这个阶段的诗歌前两句很容易理解，第三句很难，但如果有人给我们解释一番，我们也可以理解它。而我们只有到达第四句的境界时，才能发出赞叹，我们修习得越久，对这句话的理解就越深刻。

臣向君共功

在这个阶段，我们从教导和拯救苍生的活动中获得自由，从一色和无尘的本质世界中出来，回到有差别的世界中去。在第三阶段时，即便我们希望拯救苍生，但那个阶段里并没有任何有意识的生灵。现在到了第四阶段，"众生无边誓愿度"中所体现的佛心喷涌而出，我们竭尽所能将它付诸实践。

在第三阶段，我们只能看见本质的世界，并仍沾沾自喜于自己的理解，而到了这个阶段，开悟的狂热感已然平息，我们即刻引导着其他寻求开悟的人。如果是个孩子在寻求，那我们就变成孩子与他交流，如果来者是位老人，我们就恭敬地予他反馈，无论男女，无论健康与否，我们都一视同仁。当我们的引导结束后，这些人会更容易展示自己所收获的启悟，但他们也缺乏真正的自由。而那些不太主动展示的人，则会停留在"没有生灵可拯救"的地方，无论他们在这个世界上看到了多少混乱与苦难，都只能远远地旁观。他们无法自由地活动。在第三阶段之前，妄念阻止了我们获得自由，而到了第三阶段，限制我们自由的，却是我们所获得的启悟。只有到了

分享成就的第四阶段，我们才能自由地去拯救
苍生。

这个阶段的诗句如下：

众生诸佛不相侵，

山自高兮水自深。

万别千差明底事，

鹧鸪啼处百花新。

在洞山禅师的《五位君臣颂》中，"兼中至"阶
段既适用于普通人，也适用于佛者（开悟之人）。主
与仆、父与子、师与徒之间有着严格的区别，没有
人会混淆这些角色。这种区别只有从本质世界的角
度去看待，才会自然存在，它们以某种有序的体系
形式自己显现出来。上述诗句告诉我们，从现象世
界的实践角度出发，万事必然如此。

"山自高兮水自深"延续了第一句的含义。柳叶
是绿色的，鲜花是红色的，高者是高佛身，矮者是
矮佛身。佛教净土宗有诗云："凫胫虽短，续之则忧；
鹤胫虽长，断之则悲。"

"万别千差明底事"，现象世界的无数变化和表

象，都是真实事实的完美表征。而"鹧鸪啼处百花新"则毫无逻辑，正如风穴和尚所言，"长忆江南三月里，鹧鸪啼处百花香。"最后一句话外还有音。无需多言，只管独参，便能解其妙。

君向臣功功

君向臣功功是上一阶段的最终结果。实现了臣向君共功并能自由教授他人的人，此时必须百尺竿头更进一步；他还必须忘记他的无意识活动，丝毫不能意识到自我和他人，也不能认为一切都会自然展现。这个阶段是"无踪""无讯"的阶段。觉醒的意识已经消失，而觉醒意识的消失也已消失。修行者变成了真正的普通人，回到了他的平凡状态。这便是修行的结果。来看这一阶段的诗句：

> 头角才生已不堪，
>
> 拟心求佛好羞惭。
>
> 迢迢空劫无人识，
>
> 肯向南询五十三？

注意，这首诗所指代的阶段，是通过坚持不懈地修行，经历了君向臣不共、臣奉君一色、君视臣功功和臣向君共功阶段之后才到达的；在这个阶段之后，一切都会被遗忘。

诗中之"头角"是什么？是那些关于佛与法的想法。常言道，"佛之一字尚污心田"。只要一个人身上还残留着一丝佛意或高深的气息，那么他离最终极的佛法境界就还很遥远。哪怕只剩下一丁点的残念，都是不可忍受的。

《无门关》第十九则公案《平常是道》记载了南泉大师和他的徒弟赵州的一段交流：

> 南泉因赵州问："如何是道？"
>
> 泉云："平常心是道。"
>
> 州云："还可趣向否？"
>
> 泉云："拟向即乖。"
>
> 州云："不拟争知是道？"
>
> 泉云："道不属知，不属不知。知是妄觉，不知是无记。若真达不疑之道，犹如太虚廓然洞豁，岂可强是非也。"
>
> 州于言下顿悟。

我们不妨用"佛"字来代替"道"字。只要我们摒除一点点关于"佛"的心念，它就再也不会"犹如太虚廓然洞豁"。洞山禅师的那首诗就是要指出，于大彻大悟之人而言，谈佛论佛实在难堪，理解佛的唯一方法是亲身体验。

用三维时空世界的概念去思考是没有用的。禅宗用"无"或"父母未生之前的本来面目"之类的表达来指代那个无人知晓的世界。我们的理性思维也完全无法理解它，因为那是一个无所得而得的世界。

《华严经》的《入法界品》章节，讲述了善财童子的故事。他是一个有钱人的 500 个儿子之一，住在七宝楼台。他出生时，家里出现了许多奇珍异宝，所以家人便给他取名善财，寓意好运连连。后来，善财受文殊菩萨启发，决意潜心求道。他向南行进，先后师从 53 位卓越之师，最终修得圆满，进入法界。

这首诗的第四句——"肯向南询五十三"，所问的便是善财：既然人人本具佛性，我们为什么还要向外求道？诚如白鹤禅师在其《坐禅和赞》的最后两句中所言："当所即莲花国，此身即佛。"既然我们天真的身体本就没有佛或佛教之味，为何还要去南询五十三求道呢?

十牛图

《功勋五位颂》可以帮我们理解修行完成时的证悟深度。不过,它只把修行分为五个阶段,不及《十牛图》的十个阶段那么详细。相较而言,《十牛图》更能阐明禅宗修行的各阶历程。

柴山全庆(Zenkei Shibayama)禅师在其《十牛图》一书中指出,以下三种"十牛图"在诸多"十牛图"版本中最出类拔萃:

> 普明禅师的《牧牛图颂》
> 廓庵禅师的《十牛图》
> 佚名的《白牛图颂》

柴山全庆禅师认为,三者之中,普明禅师的最有曹洞宗的风味,廓庵禅师的最有临济宗风味,而《白牛图颂》则是将禅与教导融合在一起。在日本,廓庵版本最受瞩目,是大部分人认可的"十牛图"。所以,我以此版本为基础来进行接下来的讨论。

一、寻牛

《十牛图》的"牛"指的是我们的真实本性、我们的天真佛性。在"十牛图"的第一个阶段里，我们已经决心要寻道，并安住其中，但我们并不知道该往何处寻、如何寻。我们读遍经典，接触了各种不同的信仰与教导。但即便遇到了正法，也依然会摇摆不定，无法把握它。

序：

从来不失，何用追寻？由背觉以成疏，在向尘而遂失。家山渐远，歧路俄差。得失炽然，是非蜂起。

颂：

茫茫拨草去追寻，
水阔山遥路更深。
力尽神疲无处觅，
但闻枫树晚蝉吟。

二、见迹

在第二阶段，倘若我们万分有幸，便会遇到一位正师，并学到正确的修行方式，踏上禅宗修行的

正途。我们学习了经典，也越发明晰其真谛，理解
了"众生本觉醒"，也理解了"天地与我并生，万物
与我为一"。我们已经在概念上掌握了牛的踪迹（真
我图像），掌握了禅宗修行的基本要领，但仍缺乏在
实际体验上的掌握。我们的双脚仍未踏入正门。换
言之，我们只是看见了牛的踪迹，还未切实地看见
牛。但既然已见到了牛的踪迹，那唯一要做的便是
跟踪前进。

序：

依经解义，阅教知踪。明众器为一金，体万
物为自己。正邪不辨，真伪奚分？未入斯门，权
为见迹。

颂：

水边林下迹偏多，

芳草离披见也么？

纵是深山更深处，

辽天鼻孔怎藏他？

宇宙万象便是这牛的两个鼻孔，呈现在我们眼

前，完全清晰可见。但我们只有看见了它们，它们于我们而言才有意义。

三、见牛

这是开悟见性的阶段。我们曾诚挚地祈盼能见到真牛（我们的真实面目），并安住于本质世界；我们也有幸遇到了正师，理解了修行要领。当我们找到牛的踪迹时，心中喜悦喷涌而出：我们诚意地找寻，如今终于得到了回报，将能见到真牛了。

需再次强调的是，虽然见性体验在本质上并无不同，但不同人的见性深度与清晰度难免有差，没有谁能与别人拥有一模一样的体验。因此，虽然大家在这个阶段都能见到牛，但有的人是与牛直面相见，而有的人则可能是远远地见到牛尾而已。这种差别只是程度上的差别，并非本质上的，但这种体验与只见到牛迹的体验却有着本质的不同。

据说，自古以来，只有极少数人能一次就获得圆觉大彻大悟。一般而言，修行者在初次见性时，其人与牛之间仍存在相当的距离，见性之后仍要不断修行（无论是以参公案还是打坐的方式），这种距离才能逐渐变小。否则，见性或"见牛"体验便会因为"只是一瞥",而再度消失。留下来的只是见性的记忆,且我们所记住的不过概念而已,就好像只拿到牛的照片。因此,见性之后,我们还必须更全心地投入修行之中。

我感觉这种见性体验消退的例子不在少数,不知这是否是一种偏见,但如今,许多获得印证的见性体验其实都掺杂着一些概念上的理解。如果一位禅师印证了这种见性体验,并打算逐步清除这些杂念,那么他就采取了正确的引导方式。但如果这位大师本人都无法区分见性体验的真伪,并将假见性印证为真见性,那就是犯下了严重错误。禅之师者必须能够区分见性体验的充分与否,否则,其与徒的关系就成了"外行指导外行"。

道元禅师在《正法眼藏》的《办道话》里如是说:

> 只当知七佛之妙法,若于得道明心之宗匠、契心证会之学人相从正传,则的旨现前,可禀持也。非学文字之法师可知及也。

因此,必须有一位拥有见性之印的导师,佛法教学才能传承下去。而只重视文字的学者,是无法成为一名导师的，正所谓外行无法指导外行。

序：

从声得入，见处逢源。六根门着着无差，动用中头头显露。水中盐味，色里胶青，眨上眉毛，非是他物。

颂：

黄莺枝上一声声，

日暖风和岸柳青。

只此更无回避处，

森森头角画难成。

"见牛"阶段相当于《功勋五位颂》的"臣奉君一色"阶段。

四、得牛

在这个阶段，我们已将牛牢牢把握，不再担心它会跑走。这便是真正的见性，或者说，真正的开悟。我们到达了这个阶段，便获得了真正的心安。我们的精神终于扎根立足，不再受到其他任何思想、理论或哲学体系的支配。我们好似站在了富士山的顶峰，已然能认出沿途至此的各休息区域。

当下，世界至多有三两人能达到这一境界。大多数禅修习者误以为"见牛"就是得牛，因而，当他们再教导自己的学生时，根本无法辨出这两个阶段有所不同。

我们也许会认为，只要到达得牛阶段，就可以圆满收获心安，然而事实并非如此简单。二元对立的思想是我们从无始的过去中形成的精神习惯，如今它以概念和情绪的形式存在着，即便我们意识到它们并无内容，也无法将其摒除。在佛语中，我们将这样的精神习惯称为"习气"①。虽然我们已经把牛捉住，但它的桀骜不驯却更加明显，并仍旧向往着大平原的甘甜嫩草。

在我们的思想观念里，关于佛法之见最难摒弃，因而，我们只有勤加修行，才能清晰地领悟"佛之一字尚污心田"。为了能到达思行如一、主客皆空的境界，我们必须向前猛进。

———————

① 日语：習気（jikke）；梵语：bija。

序：

久埋郊外，今日逢渠。由境胜以难追，恋芳丛而不已。顽心尚勇，野性犹存。欲得纯和，必加鞭挞。

颂：

竭尽精神获得渠，

心强力壮卒难除。

有时才到高原上，

又入烟云深处居。

五、牧牛

在这个阶段，我们通过勤学苦行，终于扫清了佛见、法见和二元对立习气，开始驯服这头牛了。前面至第四阶段"得牛"所讲的，都是修行者要耗尽二三十年才能达到的。而"牧牛"阶段的修行，却是我们两三辈子都未必能达到的。

一方面，浓厚的乌云蒙蔽了我们的真实本性，足以证明我们的习气是多么顽固。从另一方面来说，我们也可以继续擦亮真实本性，让它变得越来越亮，其光芒无尽，完全无法估计要多久才能将它擦得尽善尽美。

序：

前思才起，后念相随。由觉故以成真，在迷故而为妄。不由境有，唯自心生。鼻索牢牵，不容拟议。

颂：

鞭索时时不离身，

恐伊纵步入埃尘。

相将牧得纯和也，

羁锁无拘自逐人。

上述便是对于《十牛图》前五个阶段的阐释，后面的阶段实在太为高深，与我们的实际修行相关太少，对大部分修行者而言可能毫无帮助，在此便不多做解释。我们也许勉强能理解到第七阶段，但此后的阶段就完全超乎我们的想象。我个人感觉，自己并没有资格妄议第六阶段及之后的阶段，因而，我对《十牛图》的解释就到此为止。

第九章

因果如一

在《坐禅和赞》中，白隐禅师如是说：

因果一如门，无二亦无三，
无相相为相，去来皆本乡。

我想阐明一下这段文字的意思，它对于准备开始禅修的人来讲尤为重要。

一般来说，当我们谈及因果时，所指的便是虚妄世界的生死轮回，并用诸如"因果报应""善有善报""恶有恶报"之类的表达。但我在这里要谈的因果，所指的是与禅宗修行相关的，即悟的因果。

白隐禅师的诗句指出，因果并非二物，而如一。换言之，它们是"无阶段的阶段，阶段里的无阶段"。我们坐禅修行是为了证得菩提佛果，也就是说，为了体验我们真实本性里的佛境。从区别的角度看待禅修，从决定修行到修成正果，其间有无数级层次。从因果的角度看，今日的修行便是明日觉醒的原因。反过来说，明日的觉醒便是今日修行的结果。有多少修行，就有多少结果。修行1个月、1

年、10年或20年必然能收获与之相当的结果。我们以这样的方式证菩提佛果，但这修行之路上有数不尽的阶段，每个阶段的深浅和清晰程度也不尽相同。

　　不过，即便如此，每个阶段所领悟的内容却是完全一致的。虽然修行者本人也许没有意识到，但其实他们就是本质世界的完全显现。从修行的第一步到最后一步，即便其间有上百万个阶段，但任何两个阶段的内容都是完全一致的。我们自始至终都在佛的境界里，完整地体现着佛性。这便是"因果如一"和"无阶段的阶段，阶段里的无阶段"之含义。

　　我们可以把自己的真实本性想象成一个大水晶球，但它的表面覆盖着又硬又厚的污垢。每天的修行就像清洗的过程，一点点地将尘垢清除。但我们的本性自始至终都是一个透明的水晶。这便是白隐禅师所谓的"众生本来是佛"。所有的区别和层次不过是污垢的厚薄而已。从水晶球的角度去看，"众生本来是佛"，"本具佛性"，但从它上面覆盖的污垢来看，则我们全是"罪恶深重的人"。

　　因而，倘若一个人今天才打算开始坐禅修行，但只要他能受到正师的指点，并开始正确的修行，那么即便他自己没有意识到，他也能够体现到与释迦牟尼或阿弥陀佛无异的绝对功德。初修者的修行，与进行过两三年坐禅的人的修行，与三四十年的长修者的修行，乃至与释迦牟尼和菩提达摩的修行，均丝毫无异。他们的修行都是完整的体现和绝对功德的体验，都是水晶球的象征。坐禅就是"因果一如门，无二亦无三"的道路。

道元禅师也提到过这种天真纯净，他说，"初心办道，即得一分之本证于无为之地。"不管证悟到了哪一级层次，只要能有所收获，每个人都"即心是佛"。这怎么可能？这种美好似乎太不真实了。

《楞严经》里有一则关于演若达多（Enyadatta）找头的寓言，可以帮助我们理解上述观点：

> 很久以前，印度的室罗城里住着一个叫作演若达多的人。（虽然佛经里没有明确指出演若达多的性别，但大多数故事里的演若达多都是一位年轻女性。）每天，演若达多一起床，就会先去镜子前照照她美丽的容颜。一天，不知怎的，当她来到镜子前时，惊讶地发现自己的脸不见了。（是她将镜子拿反了，还是她的视线被什么挡住了？佛经中并没有多做解释，只知她就是无法看

见自己的脸。）演若达多惊恐万分，认为这肯定是鬼怪作祟，她像疯子一样跑到街上，到处寻找自己的头。她披头散发，打着赤脚，满城乱窜，几乎失去理智。

一些朋友见状，问她："怎么回事？"

"太可怕了！昨夜有鬼拿走了我的头。"她回答。

"胡说！你的头就在你的脖子上啊！"朋友们告诉她。

但无论他们怎样解释，她都不听，继续在街上大声惊呼："太可怕了！太可怕了！"

最后，演若达多完全失去理智，她的朋友们便把她绑在柱子上，并打她的耳光，叫她冷静。被绑起来后，演若达多慢慢冷静下来。她挨了耳光，这才突然意识到，自己的脸还在。

找回了自己的头，演若达多欣喜若狂，手舞足蹈起来："我的头找到了！我的头找到了！"

佛与凡人拥有相同的本性，相同的圆满智慧与美德。因此，两者之间丝毫无异。然而，我们却意识不到这一点，于是带着佛性疯狂而愚蠢地找寻着佛性。如此，找寻真理岂不是浪费时间？非也。这种找寻一开始看起来愚蠢，但其实它深藏奥妙。

基督说过："寻找的，就寻见。"寻见不外乎就是开悟的前奏。一开始，我们盲目地寻找，只有当我们找到正确的方向和最好的方法时，我们才不会枉费心机地浪费时间。不过，即便只是想到了要去寻找，也足以表明，我们已经向着修行的道路迈出了第一步。

虽然我们内在已经拥有了某些绝对价值，但因为妄念将我们的世界颠倒，所以我们也会像演若达多那样徒劳地向外寻找着。诸佛与禅祖怜悯我们的困境，向我们开示众生本觉，并且自始至终都心存法性，无论有无知觉，都终将收获得道。但我们却不相信这些，仍像追泥赶土的狗一样，向外找寻着佛法。

当我们盘腿合掌而坐，开始日常坐禅修行时，就变得像盲目的演若达多一样。我们在静虑修行中，身体活动虽然受到了限制，但精神也许仍如往常一样混乱。于是我们用尽各种办法，用数息、随息、打坐或参《无门关》的方式，收紧躁动的心。如此，即便我们仍有妄念，心却开始平静下来，我们开始集中精神，进入禅定境界。但又因我们尚未开悟，所以我们并不能意识到，这样的修行本身就显示出了自身的清净法身。

当我们的禅修越来越纯熟、越来越深沉后，就会像演若达多那样，冷静下来，并像她那样，突然忘却了自己，而我们那颗包容着整个世界的头，便突然出现。这种意识毫无征兆地突然觉醒。于释迦牟尼佛而言，这就是他抬头望见东方闪烁的晨星时那突然的顿悟；于灵云而言，这就是看见桃花绽放的那一刻；于香严而言，就是他听到石头碰撞竹子的时刻；于玄沙而言，就是踢到石头疼得叫喊的那一刻。就是在这些突然之间，他们失去了自我的意识，忽而突然悟到了自己的本性——就像演若达多突然意识到自己的头就在脖子上一样。

当演若达多意识到自己的头从未消失后，她心中的狂喜是难以用言语表达的。遇到那样的时刻时，有些人的心中充满惊天动地的兴奋，有些人则手舞足蹈，而另一些人，则是平淡地回应："啊，原来如此。"

不过，我们也不能说，只要演若达多手舞足蹈并大喊"我的头找到了！"她的疯狂就完全消退了。

所以，即便我们见到了自己的本性，但只要我们继续告诉他人这件事，我们就仍然"高贵地病"着，不能被称为"无事之人"。只有当演若达多不再疯疯癫癫，也不再被失而复得的情绪所占领，她才能到达"一切不留，无可记忆"的境界。

对此，拔队禅师如是说：

> 你应当不断地摒弃自己的所悟。回到那个得悟的主体，回到最根本，保持在那状态里。随着你的虚妄脱落，你的真如本性会越来越清晰光亮，就像一颗越擦越璀璨的宝石，最后会照亮世界的每一个角落。不要怀疑！

我们可以把演若达多找头的故事分成三个部分：第一部分是她发狂之前，第二部分是她寻头之时，第三部分是她意识到头还在脖子上而恢复正常之后。在整整三个阶段里，她的头当然一直都在她的脖子上。无论她自己是否意识到这一点，但她的头始终都是同一颗头。尽管她在寻头时没有意识到头的存在，但在别人看来，她仍然是完整的一个人。同样地，虽然我们在数息、随息、打坐或参公案时没有意识到，但我们始终都在佛之境地里。我们就是那颗清澈洁净的水晶的完整显现。这便是因果如一。

"因果如一"之说看起来晦涩难懂，但一旦我们理解了它，就会觉得它非常简单。当我们虔诚地打坐时，无时无地不是佛界。因为我们的修行就体现着佛界，所以，我们的妄念和烦恼自会一日一日地脱落。

第十章　魔境

引言

为了更好地进行禅修，我们有必要了解一下魔境①。魔境是指一切可能会妨碍禅修的心理状态或心理现象。从最高的立场（本质世界的立场）来看，所有闪现在我们意识里的概念、思想和感觉都是二元对立的妄念，因而极易让人迷惑。

佛教的宇宙观把众生分为十界。其中有六界为迷妄界：地狱界、饿鬼界、畜生界、修罗②界、人界和天界。余下四界为开悟界：从师得悟者界（声闻界）、自觉得悟者界（缘觉界）、菩萨界和佛界。在这十界众生中，最为迷惘的是地狱众生，因为地狱离得二元对立颠倒妄想最为强烈，人人都把自己以外的万物当做敌人。妄念在饿鬼界、畜生界、修罗界、人界和天界依次减少。到了声闻界、缘觉界和菩萨界，又进一步减少。但即便是到了菩萨界，妄念也没有完全消

---

① 日语：魔境（makyō）；字面意思是"魔鬼的意境"。
② 修罗指阿修罗。

失，只有到了佛界，才彻底没有妄念。

　　从实际修行的角度看，魔境指的是修行中存在所有内在和外在的障碍。内在魔境传统上被称为"内魔"，包括放弃静虑修行的各种借口，或随禅修进步而产生的不寻常的意识状态。当我们总是想起这些，并认为它们会影响修行时，它们对修行的阻碍便尤为明显。此外，还包括修行中产生的骄傲情绪，以及令人愉快或使人害怕的幻想，所有这些都让我们无法专心修行。

　　我们可以将那些无法掌控的外在障碍称为外在魔境，即传统所称的"外魔"，比如疾病或工作压力，外魔让我们难以继续修行。在某种程度上，内魔和外魔会困扰每一位修行者，当它们出现时，我们应当勇敢面对。如果我们相信三宝，相信正师的教导，并决心勤勉地修行，那么魔境就不会干扰我们。我们还可以祈求佛陀和先祖的护佑。

　　道元禅师如是说：

　　　　我难过去业障多重，有障道之因缘，然愿由佛道而得到诸佛诸祖怜我，令业累解脱，令其不患学道，令其功德法门普充满，弥留于无尽法界，怜悯当分布于我。

接下来，我将只讨论狭义上的修行障碍，即在修行期间可能影响我们的内在魔境。

见性之前的魔境

一天打坐一两个小时的人也许不会遇到魔境，但大多数进行集中禅修的修行者，每天会刻苦修行数个小时，他们就会遇到一些魔境。

最先出现的一般是眼睛可见的魔境：比如，你眼前的空间突然变黑，无论你怎么睁大眼睛，也看不见任何色彩；或者，一切突然变得和雪一样白；又或者，五彩缤纷的东西突然出现，榻榻米上的线条开始波动，拉门上的图案开始跳舞，木头上的纹路突然变成奇怪的模样；甚至佛陀突然出现，还拍了拍你的头。随后是耳朵听到的魔境：你会听见凭空响起的笛声，无论你怎样甩头都无法让这声音停止；或者，你会听到下面传来爆炸声，好像有颗炸弹被引爆了一样。鼻子闻到的魔境也会出现：房间里似乎弥漫着一阵难以言喻的香气。当然，整个房间里只有你会产生这些幻境，其他人丝毫察觉不到。

简言之，这些魔境千奇百怪、因人而异，且形式飘忽不定。莹山禅师在《坐禅用心记》中指出，这些都是不寻常的身体知觉，是因为错误的呼吸而导致的：

> 若坐禅时，身或如热或如寒，或如涩或如滑，或如坚或如柔，或如重或如轻，或如惊觉，皆息不调，必可调之……心若或如沉或如浮，或如朦或如利，或室外通见，或身中通见，或见佛，或见菩萨，或起知见，或通利经论，如是等种种奇特种种异相，悉是念息不调之病也。

根据这种解释，那些乍看是超自然的现象其实是调息不正确的结果。

从禅修静虑的角度来看，我们必须理解这些魔境的本质，才能正确地应对它们。如果我们将它们看成是必须控制的问题，那么它们就会成为修行中的障碍；如果我们忽视它们，不被它们牵制，那么它们就不成问题。它们与梦境有许多相似的地方，但梦境也非实质。梦中的幻象只是我们潜意识的内容经过联想的伪装而形成的想象。这些想象并不是客观存在的。同样，魔境也不是实质，即便是被野兽咬一口这种魔境也不是。它们就像梦境一样，并不存在于客观之中，它们不过是意识心境的幻影。我们为了警醒自己，而将它们称为魔境或心魔。但我们是无法以常识去理解它们的。如果我们关注它们，给予它们存在的价值，或者被它们所牵制，那么，它们就会成为我们修行路上的障碍。

它们在另一方面也与梦境相似。我们只有在即将进入或刚离开深睡状态的时候才会做梦，同样地，魔境也只会在我们心思涣散或还没有沉静下来的时候，或是在我们进入深度禅定的时候才出现。当我们在禅定修行的半深不深的状态下，它们必定会出现。换句话说，当我们的定力逐渐增加、侵扰我们的六界终于消退、第七界开始活动之后，这些扰乱心境的意识便开始作祟，我们便开始经历各种类型的魔境。

当它们开始出现时，我们可将它们看作不断提升的禅修定力的证明，由此，我们必须鞭策自己，并更加热忱地投入修行。魔境出现，则意味着宝藏近在咫尺，我们不日便能准确无误地看见自己父母未生前的本来面目。待到那时，我们当记住，无论我们经历何种幻象，无论出现了何种魔境，我们都要忽视它们，继续修行，身心与修行合一，无论我们是在数息、随息、参"无"（《无门关》），还是在打坐，继续我们的修行即可。

见性之后的魔境

幻觉多见于修行者见性之前，但也可能出现在见性之后。骄傲态度就是见性之后出现的典型魔境。当我们身处虚幻梦魇之中时，意识不到自己正在黑暗中或梦境中，当我们在见性之后，却能见到光明世界，哪怕只是一瞬间。我们半梦半醒，而后开始意识到真实世界，朦朦胧胧地，看见了少有人体验到的世界。初瞥这个世界，我们心醉神迷地，还以为自己已经见到了本质世界的核心，于是变得骄傲不已，见性之后便停止修行，甚至最终误导了他人。

白隐禅师被誉为日本800年来最伟大的禅宗大师。即便是他，也是在见性之后继续刻苦修行，不断尝试，才克服了骄傲之心这种禅病。任何有一点点见性体验的人，在见性之后都必须正确地修行。

　　获得见性开悟的印证后，还必须更加热忱地修行，一如往常地进行独参，宽以待人、严以律己，必须不停地恳请佛陀和禅宗先祖护佑。如果你遵照这些指引，则你的见性体验不会变成妄念，而只会成为修行路上必经的第一道壁垒。

　　见性后可能出现的第二种魔境便是"空念"。见性之后，你会遇到意想不到的平等世界，在那里，没有自我与他人之分，你会发现一切总是安好，于是心安神宁。你在这非二元的世界里停留，可能会陷入自欺，满足于自己的安宁而不关心他人的苦难。这便是看见非二元的妄念，以为世界上"没有众生可度"。

　　《无门关》的第二则公案《百丈野狐》中就讲述了这个问题：

　　　　百丈和尚凡参次，有一老人，常随众听法。众人退，老人亦退。忽一日不退。

　　　　师遂问："面前立者复是何人？"

　　　　老人云："某甲非人也，于过去迦叶佛时，曾住此山。因学人问，大修行底人，还落因果也无。某甲对云：'不落因果！'五百生堕野狐身。

今请和尚代一转语，贵脱野狐。"遂问："大修行
底人，还落因果也无？"

师云："不昧因果！"

老人于言下大悟。

"野狐禅"的说法即由此而得，它指的是只悟到
"空"这一面的禅。

因果法则统治着现象世界，即有分别的世界，
但它在非二元世界里却毫无用处。所以，老人回答
"不落因果"并非全错。但真相其实拥有两面："同
即是异，异即为同。"如果只看到"同"的一面，然
后说"大修行底人，还落因果也无"，就是违背真理
的偏见。这就是为什么老人无法恢复本身，而是借
僧人之口，将故事讲述于百丈禅师，并听到"不昧
因果"之后才恢复本来面目。

见性之后的另一种妄念表现在这样的观念中：
"人无论贫富，人生同样是空，所以穷人应与自己的
贫穷浑然一体，安之若素。"只看到"空"一面和
忽视种善因的好处的人会对有钱人嗤之以鼻。而另
一些人则会说："当你遭受疾病困苦时，当安于困
苦，如此，便可与天地合一，由此，便不再为苦难

所困。"当一个人只看见现实的一面时，他就无法生起怜悯之心，不顾及他人所受之苦。这样的人便是只一面开悟的囚徒。古人告诫我们要警惕这种弊病，并使它成为"解脱深坑"。

见性之前，我们执着于主客对立的二元观，见性之后，我们则认同"空"的一元观。这两种内容就好像虚妄的两种形式。

诚如永嘉大师在《证道歌》中所言：

> 豁达空，拨因果，
> 漭漭荡荡招殃祸。
> 弃有着空病亦然，
> 还如避溺而投火。

"空"的世界无因亦无果，无善亦无恶，无神亦无佛。昧于因果的人会否定人性、忽视道德，他们在现在增加妄念，在未来误入恶之歧途，这样的人只会招来灾祸和苦难。为了能在见性后不被这样的妄念带走，修行者必须定期进行独参，虔诚背诵四弘誓愿，努力培养慈悲之心，并不断擦亮法眼。除此之外，还应当研习经文和禅宗先祖的语录，坚定效仿古之圣贤的佳品美德。

"法执"是见性后可能出现的第三种妄念。虽然法执有很多层次，但我们要说的不是会残留到修行最后阶段的那些细微执念，而是那些更为粗糙和明显的。例如，不管在谁面前都兴高采烈地大谈禅修，对自己的见性体验洋洋得意，为了精进夜以继日地坐禅，强行拉着那些对修行不太有兴趣的人参加禅宗静虑课等等，这些就是各种形式的法执。真正的求道者不会做这样的事情，但人们在被热情冲昏了头时，很容易掉入这样的妄念之中。这样的行为不仅会破坏我们的美德，还会让其他人对禅产生误解，甚至会导致他们不喜欢禅，或取笑于禅，无功于求道之路。我们当时刻保持沉默，不对他人提及我们的修行，一如洞山禅师在《宝镜三昧歌》的最后一段所说：

潜行密用，

如愚如鲁。

但能相续，

名主中主。

信、解、行、证、入

虽然信、解、行、证、入一起组成了禅修之路的整体，但它们并非禅之独有，任何真正的宗教都有这些元素。那么，我们在禅中所要信、解、行、证、入的是什么呢？当然是我们的真实自我。真我就是实相。虽然"真我"听起来更主观，而"实相"听起来更客观，但如释迦牟尼佛所言，两者皆是他大悟所得：我们的本性就是宇宙的本性，悟到这一点就是无上正觉。这便是佛教的基本立场。

信

每一种宗教也许都起源于信仰。没有初始信仰，大部分人是不可能愿意花时间去听别人布道的。从正禅的立场去看，信仰便是接受"三宝①即一"的真理。更直接地说，它的含义便是白隐禅师在《坐禅和赞》的一开始所说的："众生本来是佛。"有些人有幸与法结缘，能够立即信仰这种观点而无异议。

---

① 指"觉、正、净"三宝。

比如，六祖慧能在听了《金刚经》的"无所住而生其心"后，便立即获得开悟。

信仰也有深浅之分，当一个人获得信仰后，他所信之深浅便决定了他获得何种安宁与救赎。由此，我们可认为他们已经"心安于家"。

不过，倘若没有理智的理解，信仰也很容易变成迷信或盲信。无论别人劝导我们多少次"但信无妨"，如果我们自己内心缺乏真正的信心，就永远也无法下定修行所需的决心。再则，倘若我们不修行和认识真我，也永远无法从疑惑中解脱，无法得到真知。我们也许相信真理的存在，但只有亲眼见到它，我们才能真正地明白其真之所在。

解

驱动禅修的两个轮子分别是正师说法和坐禅修行。道元禅师在《学道用心集》（*Guidelines for Studying the Way*）中对此二轮进行了阐释：

> 右抉择身心，自有两般：参师闻法与功夫坐禅矣。闻法者游化于心识，坐禅者左右于行证。

是以入于佛道，向不可舍一而承当。

建立信仰后，我们必须利用智慧之光精确而清晰地理解佛道。如此做，本质上就是要追随正师研习正法。如果我们妄下判断或听信异教，则会因误解而断绝佛种。在正师的直接指导下修行和研习佛法的方式，包括定期禅修、参加集体坐禅会、聆听禅师提唱、入室独参等。

为了正确理解佛法，我们还必须阅读和研习教法。对于没有找到正师的修行者而言，尤其应当如此。所有佛教经典之中，我首先推崇释迦牟尼佛的说教经文，其次是禅宗先祖们的语录和文字，再次是证道禅师们的提唱。一开始我们也许很难理解这些文字，但只要我们反复诵读，无论多么晦涩难懂，假以时日，必定能理解其中所讨论的问题。

我们的理解力会随着训练和洞察力的增长而增长。随着修行深入，我们的理解和体会也会加深，因而，我们不必执着于即刻理解每一页文字。遇到不懂的地方，就先放下。不过，我们一年之中至少要找一两次机会，去见一位正师，听听他的提唱或讲课。否则，我们就可能误解教义，产生自以为是的态度。

至少在见性之前，我们都应该避免阅读讨论禅的书籍。许多外行对禅一知半解，并没有实际的坐禅体验，只是借着人们近来对禅的兴趣，写了许多阐释禅意的书籍。这样的书，初修者最好一点都不要读。待到见性之后，对佛法的理解和认知更加正确和清晰之后，再阅读这样的书，以提升自己对于禅的认知。但在那之前，这些书可能有害无益。

以"某某禅"或"禅之某某"为名的图书大行其道，现代读者很容易被标题吸引，有些图书甚至非常畅销。但它们都有一个相同点，就是所谓的"畅销"之作往往出自非行家之手。这些人完全不知道禅有别于哲学和心理学。因此，初修者最好只阅读古代禅宗大师的原著。在此，我可以信心十足地推荐下列作品给初修者：

《般若波罗蜜多心经》

《修证义》

白隐禅师《坐禅和赞》

道元禅师《普劝坐禅仪》

道元禅师《学道用心集》

《临济录》

《拔队禅师语录》

莹山禅师《坐禅用心记》

云栖袾宏（Unsei Shukō）禅师《禅关策进》
（*Spurring Students through Zen Barriers*）

廓庵禅师《十牛图》

道元禅师《办道话》

通过直接亲近古之圣贤的教法，我们可以加深自己对于禅修静虑的理解，并养成正确的信仰态度。这便是"古教照心"。透过佛陀和禅祖的言语之光审视我们的心境和行为，就可以防止自己误入歧途。

行

一旦我们在"信"和"解"两方面站稳了阵脚，下一步就可以开始修行了。此"行"并非激烈苦行，而是静虑修行。如道元禅师在《办道话》的一开始所说的：

诸佛如来，皆单传妙法，证阿耨菩提，有最

上无为之妙术，是唯佛授之于佛而无旁邪，即自受用三昧，是其标准也。

道元禅师告诉我们，禅宗修行是通往无上智慧的道路，坐禅便是正门。没有坐禅就没有对禅的理解，更无法理解佛经著述。

如今，太多的人从未体验过盘腿而坐的辛苦，却大谈禅道，并自誉"权威"。这些人光是嘴上说"禅"，就觉得自己在谈论别人无法理解的神秘真理。如此自大，最终只会误导他人。甚至连一些被公认为权威专家的禅僧，也开口闭口"行亦禅，坐亦禅"或"威仪即佛法，作法即宗旨"，明明自己就理解不透，却以此为借口来规避真正的坐禅修行。如此看来，传统禅修似乎正在消失！

这些错误之所以会出现，是因为信仰和理解不正确，由此，对修行的态度也会出错。没有修行就没有开悟或体现，这些人最终将会失去度脱众生的能力。我个人感觉，当今所有于禅不利的影响都源于此。这境况令人悲叹，真心诚意想寻求正法的人须当警惕。

证

所谓"证"便是"见性"，是佛法禅道的核心。但见性开悟的本质究竟为何，众说纷纭。这种情形可能会困扰修行者，使他们无法正确修行。有鉴于此，我将在此详细阐述这一问题。

"证"的日语是"証（shō）"，字面意思就是"已证明"或"已认证"。但"見性（kenshō）"也可以指开悟，这个词用起来就容易使人混淆。现代曹洞宗人引用道元禅师在《正法眼藏》和其他作品中的表述，认为道元禅师否认了见性这回事。道元禅师有些话乍看确实会被解读为对见性之必要性的否定：

> 只有身心投入佛法，修行更不求悟道得法，是为不污染之行人。此即所谓"有佛处莫停留，无佛处急走过。"[1]

> 无所得无所悟，常时端坐，此即祖道。古人也有看话头与坐禅同修者，最后还是专修打坐。有人因参话头而开悟，这还是借着打坐的功力因

---

[1] 道元禅师语录，出自《正法眼藏·随闻记》，5:21。

缘使然。真正的功劳在于打坐。[①]

如果我们脱离上下文来看这些话，就容易将这些话的意思理解成打坐就是修行的全部，而寻求开悟是错的。道元禅师在上文中所提到的"打坐"与我们所说的"只管打坐"是一个意思。由此，我们可能很容易将他的观点解读为"只"打坐足矣，打坐便是禅修的全部。但事实果真如此吗？

"见性"一词常被用作"看见真我本性"的同义词，但这样就会引发一些问题。如道元禅师所言，"见性"与"证悟"或"悟道"之间有重要区别。"见性"常被解释为"十牛图"的第三阶段——"见牛"。这显然就不是佛法的全部。因此，当道元禅师说到"见性"时，他是站在"十牛图"的十个阶段之外的角度而说的，换言之，是站在同时超越了修行和开悟的境界之上而言。

不过，"见性"这个词也用以表示从第三阶段"见牛"到第十阶段"入廛垂手"的整个过程。我认为，拔队禅师说的"见性"就是这个意思，因为他把修行者的不成熟归因于"见性不彻底"。而其他禅宗大

① 同上，5:23。

师，比如饭田欓隐禅师，也用"没有照见自性就没有禅"来强调见性的重要性。如果在突然觉醒的过程中身心真正脱落就是见性，那么道元禅师在如净禅师门下体验到的"身心脱落"，必定就是饭田欓隐禅师所说的"照见自性"了。不过，一般而言，"见性"所指的就是"见牛"阶段而已。那么，有没有人能在修行道路上一蹴而就，跳过"照见自性"的诸多阶段呢？我的回答是"不能"。除了释迦牟尼佛之外，诸多禅宗先祖都未能如此实现。

道元禅师花了9年的时间师从荣西禅师和明全禅师，学习临济宗的教法，然后才前往中国，追随如净禅师。在那9年的时间里，他必然经历了所谓的"见性"阶段。但他不满足于此，于是决心前往中国进一步修行。他在天童寺师从如净禅师，才终于获得了佛法大圆觉。他正是在那里，体验到了"身心脱落"。那一刻，他终于悟到"一毫佛法也无"，并印证到"当即，一生参学事毕"。因为亲身经历了如此深刻的开悟体验，所以道元禅师自然能指责那些才经历了见性就认为修行事毕的人了。

道元禅师虽然不喜欢"见性"这种说法，但他也没有否定见性的重要性。他的"证"并不等同于中国宋朝时期的禅宗大师们所说的"见性"，后者与我们现在所说的"照见自性"区别不大。道元用如下表达来表示开悟：

> 证：证道；证得佛法；得道。
>
> 得道：得道明心。
>
> 悟道：悟道得法；听声悟法。
>
> 见色明心。

　　这些词语中，道元似乎更喜欢用"证"字。我们可以把"证""得道""得法"视为同义词。道元所说的"证"之体验也是"证道""悟道"和"得道"的意思，是上乘大圆觉。

　　道元禅师的禅法根植于他基于实际修行体验的绝对信念，即"修行包含证入"。"证"必然意味着在自我觉醒中获得清晰见悟。正因如此，道元禅师才这样说：

> 若非行而得证者，谁了如来迷悟之法？[①]

---

①　出自《学道用心集》。

道元禅师指出，如果我们想获得真正心安，并能度脱众生，首先就必须见性和悟道。但佛道的真相是"有阶段中的无阶段"，"阶段"和"无阶段"只是同一实相的两个方面。本章至此都从修行阶段或修行层次的角度来讨论见性和证道，但我们不应忘记另外一种角度，即本质世界的角度。在本质世界中，众生本觉醒。而在"无阶段"这边，道元禅师如是说：

> 人若一时于三业[①]标佛心印，端坐于三昧时，则遍法界皆为佛印，尽虚空悉成证语。[②]

现代临济宗常常太执着于修行的"阶段"一面，而忘记了它的"无阶段"一面；反观曹洞宗，则是太满足于修行无阶段的"无禅事"，而忽略了分阶段用功修行的重要性。

---

① 三业指"身业、口业、意业"。
② 出自《办道话》。

入

"入"是最后一步，是见性体验完全融入我们的血肉和日常生活的每一部分。《功勋五位颂》的第四阶段——"臣向君共功"，是这一阶段的第一步。我们在这一步回归原本自我，开悟体验所产生的兴奋与骄傲情绪熄灭，诸如二元观等妄念也都消失。我们回到了没有抱怨或异见的初始状态。但在这个阶段，开悟后的骄傲残渣仍存留着，所谓"灵龟曳尾迹偏赊"。

我们必须推进至《功勋五位颂》的第五阶段——"君向臣功功"。在这个阶段，所有的悟迹都被扫除，我们获得了真正的解脱，并最终"入廛垂手"。换言之，我们进入了日常生活之中，以完成度脱众生的誓言。此第五阶段，即《修证义》里的《行持报恩》。对我这样的人来说，这已经是遥远至极的境界了，就像是在万里之外遥望家乡一样。

综上所述，"佛道"无外乎就是信仰、理解、修行、开悟、进入我们本就具有的真如佛性，然后将它体现在日常生活中。我们的佛性在一种意义下是无，在另一种意义下则是完整、圆满和无限。

第十二章

大乘佛教之八大要旨

　　《禅修精要》一书罗列了大乘佛教的八大要旨，从八个不同角度审视了实相。八大要旨皆为一体，每一要旨都是八旨，即任一要旨都包含着其他七要旨。只要你能诚心接纳其中一旨，其他七旨便也自然明朗于心。此八大要旨为：

　　　　1. 本具佛性。

　　　　2. 自我迷执。

　　　　3. 生命持续。

　　　　4. 因果必然。

　　　　5. 诸佛实在。

　　　　6. 感应道交。

　　　　7. 自他不二。

　　　　8. 成佛过程。

　　我在本书所写的内容，或多或少都在阐述这八大要旨。现在，让我简要解释一下各个要旨吧。

本具佛性

　　"本具佛性"有时也被说成"众生本觉醒"。想对佛性有直接清晰的理解，想获得内心安宁的精神状态，想让佛法成为日常生活的一部分，就是想正确地传承佛陀和禅宗先祖的禅法。另外，想理性地研习佛性，想以理论和证明来讨论佛性，就是想研究佛教教义或佛教哲学。

自我迷执

　　我们常把自己的身体和心灵看成"自我"，并执着于"自我"就是我们之所在。但这种信念其实是一种迷信或妄念，并非事实。大部分人一听说我们的自我意识是"颠倒妄想"就立马反驳。事实上，世人普遍相信个体自我的存在，而这正是二元论的根源和苦难的来源。倘若能真切地体验到这种自我是完全的空，那便是在禅修中得到了"觉醒"。

　　当我们谈及自己的本来佛性时，我们是站在了自己本质天性的角度。而从现象世界的角度来谈，未开悟的普通人的正常状态都是执着于个体自我，并将它视为坚实物质，但这其实纯属错觉。如果我们打不开法眼，就永远看不清真相，不会知道我们所谓的"自我"其实从不存在。

我们的本具佛性越是明亮，就越能看清虚幻自我的阴暗。从这个意义来看，我们能在多大程度上察觉到自己对虚幻自我的迷执，取决于本具佛性的自我在多大程度上显现出来。普通人无一例外都会受困于对个体自我的迷执，但这种迷执的相对强烈程度却因为个人修行深浅及其与法的业力关系不同而不尽相同。毫不夸张地说，整个伦理道德的修行归根结底都是为了降低这种对个体自我的迷执。

生命持续

简而言之，"生命持续"就是生命永恒而不可毁灭。根据自然科学的观点，当一个生命形式（人类或其他生物）死去时，组成其身体的各个物质便会分解成它们最基本的元素，然后消散。科学认为，死亡乃是归宿，任何关于死后来生的说法都是迷信。但佛教反对这种论断。

即便是在释迦牟尼佛的时代，否定死后生命持续的思想也颇为流行。针对这些观念，道元禅师说：

> 或曰："人死时必归性海；虽不修佛法，然若自然而归觉海，则更无生死之轮转。是故无后世。"此是断见外道也。形虽相似比丘，然则如是邪解，更非佛弟子，当是外道也。（出自《正法眼藏》之《深信因果》）

虽然"回归性海"的说法不同于自然科学的观点，但两者都是否定死后余生，所以都是断见外道。

还有一种观点认同生命持续，但是断言人死后的灵体（灵魂）会离开肉体，然后进入另一个新生命，就像金蝉脱壳一样。这种观点被称为常见。道元禅师也讨论了这种观点：

> 今所言之见解，全非佛法，先尼外道（印度的一个自然主义流派）之见也。
>
> 曰：彼外道之见，谓于己身中有一灵知，其灵知遇缘则分辨好恶，分别是非。知痒痛，知苦乐者，皆彼灵知之力也。然彼灵性，此身坏时，即移住他处，是故见之虽此处已灭，然实则他处

有生，永不坏灭而常住。彼外道之见，如是也。

　　然则，习此见而为佛法者，比之持瓦砾以为金宝者更愚。（出自《办道话》）

　　根据道元禅师的观点，关于人死后灵魂仍存的思想与佛法是相悖的。那么，认为生命持续的"常见"与佛教的正见到底有什么差别呢？道元禅师对此进行了详细的解释：

　　须知佛法从本以来，谈身心一如、性相不二。此乃西天东地所共知，不可疑之。况乎谈常住门时，万法皆常住，不分别身心；谈寂灭门时，诸法皆寂灭，不分别性相。然则，何故言身灭心常？不违正理乎？

　　非但如此，且须觉了生死即涅槃也，不于生死之外谈涅槃也。况虽以此领解心离身而常住，妄计为已离生死之佛智者，而此领解知觉之心乃生灭，全非常住，此不虚妄乎？（出自《办道话》）

　　为了将佛教的这个轮回观表达得更清楚一些，

我将再次用 α/∞ 这个分数，其中，分子是 α，分母是∞，是一个环绕的无穷符号。见性后，我们便会清楚地意识到分母∞的世界。∞便是自我，既是零，又包含无限可能，没有开始，也没有结束。不过，分子 α 所表示的现象自我会继续无止尽地生死循环。推动生死过程的力量叫作"业力"，生死循环就叫作"业力相续"。但"业力相续"只与分子 α 世界的变化相关。分子 α 当然与分母∞的世界共存，但由于五官完全无法分辨分母世界，所以只能浅显地感知到分子 α 这个现象世界的形式变化。

当你把小石头扔进完全静止的水中，就会在水面激起涟漪，并向外扩散。但由于水面受地球引力的作用，所以涟漪会越来越小，水面最终恢复到最初的平静状态。不过，分母世界却由于不受引力影响，一旦激起涟漪，就会无止尽地扩散。业力就像这样，我们的心境意识制造了第一圈涟漪，正面思想制造正面涟漪，负面思想制造负面涟漪。正负面思想交织不断，致使涟漪也不断变化着，显现为作为分子的现象世界。

人死而又复生。关于生死去来，《俱舍论》（*Abhidharma Treasury*）和其他文字中都有详细介绍，但对此有兴趣的人须当注意，这些解释所涉及的只有现象世界。如果你真心希望正确地理解生命持续，必须亲历见性才行。

《正法眼藏》的《生死》这一章里详细阐释了我们应当如何从生命持续的角度看待生死：

> 若人于生死之外求佛，则如北辕向越，南面看北斗。愈聚生死之因，更失解脱之道。但解生死即涅槃，无生死可厌，无涅槃可愿，是时，始有解脱生死之分……此生死者，即佛之御命也。若厌弃之，则丧佛之御命也。滞留于此而着于生死，亦是丧佛之御命也，执着佛相也。无厌无慕，是时始在佛心。

这里所说的"佛之御命"便是永恒与不可毁灭，绝非业力相续。

我想用道元禅师《永平广录》（ *Extensive Record* ）里关于生死的一段对话来结束本小节的内容：

> 圆悟禅师道："生死去来是真实人体。"
> 南泉道："生死去来是真实体。"

赵州道："生死去来是真实人体。"

长沙道："生死去来是诸佛真实体。"

师云："四员尊宿各展家风，俱端鼻孔。道也道得，只是未在。若是兴圣又且不然，生死去来只是生死去来。"

因果必然

大部分人都认为包括我们身体在内的自然现象都受制于因果法则：吃得太多，胃就会不舒服；喝酒喝得太多，判断力就会下降。不过，还有一些人也许并不相信人世百态都在因果之中。更少有人会认可好运与厄运、气候、自然灾害也是因果法则的必然结果。当然，像"有因必有果""善有善报"这样的说法非常普遍，似乎每个人多多少少都相信因果法则，但几乎所有人都会混淆机遇和命运。然而，佛法却非常明确地表示，所有现象都受因果影响。也只有佛教如此坚定因果法则的影响。

道元禅师在《正法眼藏》的《深信因果》（ *Believing Deeply in Cause and Effect* ）一章里这样解释：

　　佛法之参学中，第一明究因果也。若拨无因果（指否定因果之道理），则恐起猛利之邪见，断善根。

　　盖因果道理，历然无私。造恶者堕，修善者升，无毫厘之远。若因果亡，无空所报，则诸佛不可出世，祖师不应西捱，盖众生之不可有见闻佛法也。因果道理，非孔子、老子等之所究也。唯佛陀、祖师之所明究也。

上面的第二段文字也出现在《修证义》中，儒家和道家的著作里也零星涉及了因果法则。例如：

　　积善之家，必有余庆，积不善之家，必有余殃。（出自《易经文言传》）

　　学也，禄在其中矣。（出自《论语》）

　　夫有阴德者，必有阳报。（出自《淮南子》）

孔子与老子自然是意识到了因果的力量，但只有佛法在真正传教因果观，宣扬一切现象的出现和发展皆因因果法则。

　　不过，即便我们听闻了佛法，研习了佛道，也仍然不相信因果法则，直到我们修得正果。这其实是意料之中的事。既然因果是佛性活动，那么我们只有亲历佛性，才能毫不保留地接受因果法则。《禅修精要》中有这样一段话：

　　　　东京有一位非常虔诚的佛教徒，对《俱舍论》、《成唯识论》（*Treatise on Mind Only*）、《大乘起信论》（*Awakening of Faith in the Mahayana*）和《妙法莲华经》的三个主要部分有过深入研究。他进行了数年的静虑禅修，对佛道的理解非常透彻，有一双明晰的法眼。但是，当他问起我一个问题时，我发现他其实还没有那么明晰。他问我：“《宝庆记》（*Record of the Hōkyō Era*）是道元禅师的著作吗？”我回答：“是的。”

　　　　一个月后，我又遇见了他，他又问了我同样的问题，而我又给了他同样的回答。又过了一个月，我们又见面了，他又问了我同样的问题。我问他为什么一遍遍地问同样的问题。他听了，拿出《宝庆记》的抄本，说，“你看看这里写的。”

然后翻开道元问天净禅师的一段话，"我们免不了要体验因果吗？"

"对，就是他问的。"我有一点惊讶，但也能理解为什么道元会这样问……他在身心脱落之前，自然也对因果法则存有些许疑虑。不得不说，正是因为道元这种刨根问底的性格，才会向一位正师提出这种疑问。（出自《禅修精要》）

在《宝庆记》中，天净禅师这样回答道元：

不可拨无因果也。所以者何，永嘉曰："豁达空，拨因果，漭漭荡荡招殃祸。"若言拨无因果者，佛法中断善根人也，岂是佛祖之儿孙耶。

因此，除非我们能从过去、现在和未来的角度看因果法则，否则就无法理解它。在《正法眼藏》的《三世业》（*Karma of the Three Times*）一章里，道元禅师指出，无论我们的行为是善是恶，都会在今世、来世、再世这三个阶段收到业果。这种观点可以帮助我们消除对于"业"的断见，由此才能理解，为什么好人还会遇到灾祸，而坏人却享受荣华富贵。

　　我想再稍微说说三种不同的因果：因小果大，因果同时，先因后果。所谓因小果大，就是其中某个"因"随时间的推移变得更大，从而引发更大的结果。正因为如此，所以我们无论做错什么事，都要尽快忏悔弥补。如若你不在一棵树还小的时候就把它连根拔起，待它长成参天大树后，必定更难砍伐。如果你做了一件善事，那么最好不要留名，这样可以灌溉和延长它的影响。佛教鼓励我们为善不欲人知，这便是部分原因。

　　因果同时就是一个人在制造"因"的同时，也遭遇着"果"。例如，我们做了好事，哪怕别人不知情，我们也会感到快乐。同理，如果我们做了坏事，即便人不知，自己也会感到良心不安。不过，最真切的因果同时是发生在我们控制不住发怒时，或者当我们心怀慈悲而使世界变成净土的时候。先因后果则是指因与果之间存在时间间隔。

　　许多人至今仍然不相信这些，但相信、接受并遵照这一真理而修行，才是真正的佛道。

诸佛实在

"诸佛实在"的要旨指出，无数佛陀和菩提萨垂不是抽象概念，而是此时此刻就真实存在的。如果我们相信这条要旨，就会相信佛陀真实存在。当一位禅修者誓言要求道得悟，并决心今生来世都刻苦修行时，其成果将是无以估量的。在千年、万年、亿年乃至永恒的未来，此人必定成佛。按照这条要旨的说法，过去有多少人是必定成佛的？

文殊菩萨和普贤菩萨（Samantabhadra）都是释迦牟尼佛的侍从，分站在他的左右，代表着佛陀完美品性的两个方面：大智慧和大愿行。但这些菩萨不仅仅是一种象征，如果你认为他们不是真实存在的，那就大错特错了。同样地，毗卢遮那佛、药师佛（Baisajyaguru）、阿弥陀佛（Amitabha）以及《三千佛名经》（*Sutra of the Three Thousand Names of the Buddha*）所提到的无数佛陀也都不仅仅是我们本性的无限潜能的象征名称，他们都是真真实实的佛。在《正法眼藏》的《供养诸佛》（*Making Offerings to the Buddhas*）一章里，道元禅师引用了《佛本行集经》（ *The Deeds of the Buddha* ）和《佛藏经》（ *Buddha Treasury Sutra* ）的话，指出了释迦牟尼在成佛之前是如何恭敬供养无数佛陀的：

> 佛言：
>
> 若无过去世，应无过去佛。
>
> 若无过去佛，当出家受具。
>
> 当知三世必有诸佛。且于过去佛，莫言其始有，莫言其始无。若邪计始终之有无，则更非佛法之习学。若供养过去诸佛，随顺出家，则必成诸佛也。依供佛之功德而作佛也。未曾供一佛之众生，依何而能作佛也？不可有无因而作佛。

他还说：

> 《佛本行集经》言：
>
> 佛陀告目犍连：我念往昔于无量无边诸佛世尊所，种诸善根，乃至求于阿耨多罗三藐三菩提。目犍连，我念往昔做转轮圣王身，值三十亿佛皆同一号，号释迦。如来及声闻众，尊重承事，恭敬供养，四事具足，所谓衣服、饮食、卧具、汤药。时彼诸佛，不与我记："汝当得阿耨

多罗三藐三菩提及世间解、天人师、佛世尊，于未来世得成正觉。

……

释迦菩萨，初阿僧企耶，逢事供养七万五千佛：最初名释迦牟尼佛，最后名宝髻。

第二阿僧企耶，逢事供养七万六千佛：最初即宝髻，最后名燃灯。

第三阿僧企耶，逢事供养七万七千佛：最初即燃灯，最后名胜观。

于修相异熟业九十一劫中，逢事供养六佛：最初即胜观，最后名迦叶波。

感应道交

当两个心灵相遇并相互交集时，感应就出现了。宇宙一切众生都是如此去感知的。佛与众生之间也存在感应，且这种感应对于寻求真理尤为重要。

正如我之前所说，一切众生本具诸佛智慧德相，并拥有完美和圆满的本性。这种本性自然有股力量，驱动我们觉醒。最终，所有人都会对动物性或物质性的生活感到不满，待时机一到，大家就会去寻找精神生活的平衡。这便是所谓的"求道心"。

开始寻求的阶段便是"十牛图"的第一个阶段——"寻牛"。我们一般从某种思想、哲学或理论系统开始。我们也许会信仰某个宗教，并通过我们的信仰，找到能持续数年甚至一生的暂时性的满足。当这种求道的精神炙热燃烧时，我们无法停止下来，一心要获得真切而不可动摇的安宁。这时，只有真切地理解无限而不可动摇的真理后，我们才会得到满足。

这种对精神平静的追求就是我们的佛性的自然表露，表现出我们本性的神奇。这种本性活动便是"感"。与此同时，从无始来时就擦亮了自己本具佛性的无数佛陀，发出了他们的大慈悲与大智慧之光，帮助众生觉醒他们的佛性。佛陀传给众生的救世力量便是"应"。（"感应"在日语中就是"同感"或"回应"的意思，山田禅师在此解析其词源释义，指出"感应"特指众生的本具佛性之间的相互联系，"感"开悟者之智慧与慈悲，并在净化后以本具佛性自然"应"之。）

当求道众生感受到无数佛陀的应力时，就会意识到求道、修行以获得开悟和法身的决心，正如

《修证义》中所言：

> 此皈依佛法僧功德，必感应道交时成就也。
> 虽正使天上人间地狱鬼畜而感应道交，则必皈依
> 也已如皈依。生生世世在在处处增长，必积功累
> 德成就阿耨多罗三藐三菩提也。

"感应道交"可分为四种情况：

1. 冥机冥应。
2. 冥机显应。
3. 显机冥应。
4. 显机显应。

在这里，"冥"指的是朦胧模糊，换言之，不会出现在现象世界。"机"表示求道者开始产生心理作用。

第一种情况"冥机冥应"表示我们还没有意识到自己的求道心理，诸佛的光芒也还没有照耀在现象世界里。不过，这是感应道交的最基本类型，可以说是求佛得道的基本驱动力。诸佛自始便不断以

慈悲引导着众生，与此同时，一切众生也无意识地追求上乘。在这个阶段，众生不自觉地接受着诸佛的教化。就好像一颗休眠的种子尚未发芽，还深埋在地里，但却有着蓬勃生长的生命力；而被云层遮盖的太阳虽未能将阳光直洒大地，却温暖着空气，这温暖穿透了土壤，不知不觉地滋养着那颗种子。

第二种情况"冥机显应"指众生在冥冥之中已经决心求道修行，只是他们自己尚未察觉。不过，诸佛早已将救世之手伸进了现象世界。例如，有人听了某位已开悟的导师布道教法，但因其求道精神仍在休眠，所以对此并不感兴趣：这就是冥机显应。好比太阳已经拨开浓云照耀大地，但种子的幼苗还没有长出地面。

第三种情况"显机冥应"指的是众生决心修佛，并虔诚寻道，但还在黑暗中摸索，因缘未到，尚未受到佛陀或禅祖的教化。其实，这些人在看不见的世界里已经受到了教化，只是此时此刻尚未察觉。就好像种子最终破土而出，但因为太阳又被云层遮挡，所以还没有直接吸收到阳光。

第四种情况"显机显应"指的是感应道交最真实的形式。在这个阶段，求道的精神清晰可见，众生可以真切地接受诸佛和禅祖的教化。就好像种子最终破土而出,露出嫩芽,而阳光就在它的头顶照耀。

　　感应道交的过程是不断发生于诸佛和众生之间的,明白了这一点,我们就能明白,自己是不断地走在成佛之路上的。

自他不二

　　二元对立是我们最根本的妄念,也是所有烦恼的根源。通常,我们会认为自己与他人是完全不同的,我们的利益与他人的利益也各不相同。如果这种对立的感觉更强烈一些,我们就会认为如果他人得利,我们就会遭受损失,所以,为了让我们自己得到利益,他人必须做出牺牲。这就是妄念。

　　基于这种对立感,我们会认为生活的环境独立于我们而运转。当事与愿违时,当我们面临困难时,就会将一切归咎于环境,而不是自己。这也是妄念。我们不由自主地将自己与他人区别开来,因为现象世界是我们唯一认知的世界,我们基于这样的认知形成了自己的世界观,并认为自身之外都是与我们相对立的外部。世人常识的世界便是如此。但由于自我与他人其实天然一体，所以这种世界观依然是一种妄念。

为了弄清楚自我与他人的本质统一性，我们必须开悟明眼，清晰地看到主体与客体皆空，看到主观世界与客观世界皆空。当我们意识到主客皆空时，就能体验宇宙为一了。这便是"自他不二"的意思。禅修就是为了证悟这个事实，融入其中，并安住其中。

道元禅师有言：

> 愚人谓先利他则应自利省。非尔。利行一法普利自他也。（出自《修证义》）

请将这句话铭记于心。当我们充分认识到自他不二时，不仅会发现我们与环境为一，更会发现我们与宇宙万物均为一。《华严经合论》中有一句评注：

> 无边刹境，自他不隔于毫端。①

《肇论》云：

---

① （唐）李通玄：《华严经合论》。

天地与我同根，万物与我一体。

这些所表述的都是"自他不二"的法则。

我们做梦时，会将梦里的山河、花草、道路、房屋和人都当做客观存在，但我们醒来时，就会意识到它们都是我们意识的产物。同样，只要未开悟的人还沉迷在妄念的梦境里，无论我们说什么，他们都只会把这个世界当作客观存在。但只要他们照见自性，就会立刻意识到整个宇宙都是自我的光芒，经文中用"三界唯心造"、"天上天下唯我独尊"、"尽十方无碍如来光"或"全自全他"来表示。

我对基督教的教义完全不懂，也不了解原罪的本质该如何解释，但我想它是不是多少也与二元对立的思想有着关联。一个刚出生的婴儿没有自他分辨的概念，但随着他慢慢认识世界，便会开始意识到自我，然后再意识到处于自我对立面的他人。这种二元对立的意识随着时间推移变得越来越强，最终变成一堵牢不可破的墙。嫉妒、敌意、仇恨等负面情绪因这种二元对立观而燃起。当我们对他人产生这种情绪时，他人也会这样对我们，如此一来，我们与他人都受到苦恼。日语里有句老话，"咒人是掘两墓"，说的就是这种情况。

当然，我们对他人的情绪也不完全是负面的。人类内心也充满了喜爱、同情、和善、友爱及怜悯这样的积极情绪。为什么会如此呢？因为我们本质为一。就好像阳光能穿透云层一样，我们的本性之光也可以穿过妄念的缝隙。佛法教导我们，当我们消除了二元对立的妄念后，绝对一元的爱就会涌现出来。

这种爱是人人都拥有的慈悲，被称为"三慈悲"，根据其完美程度，可分为以下三类：

  1. 生缘慈。

  2. 法缘慈。

  3. 无缘慈。

"生缘慈"是情不自禁地为人类、动物等所有生灵所遭受的苦难而心生慈悲。佛教禁止杀生吃肉就是基于这种慈悲。

"法缘慈"的慈悲对象是万法。"法"指的就是所有存在的现象。"法缘慈"为每一棵树、每一株草、每一粒尘、每一块石而感慈悲。万物皆有生命。当我们开启法眼后，就连一张纸、一支笔或一根烟头都是生命的表现。每一个事物都是常住佛心的显现，我们都该小心对待。我们必须用关怀之心对待万事万物。这便是慈悲。

"无缘慈"会在我们消除主观、超越客观的时候出现。这是一种绝对而普遍的爱，是对"一"的慈悲。当我们渐渐擦亮法眼后，就会越来越真切地体验到这种没有对象的慈悲，最终彻底明白，我们其实对万物都充满了无限而深沉的爱，而万物也深沉地爱着我们。如此，我们还会有什么不满？还会有什么敌意、仇恨、嫉妒或愤怒？无限感激而宁静的生活自然就会出现了。

成佛过程

白隐禅师说，"众生本来是佛。"言下之意，众生皆受佛陀之智慧与慈悲，且无一例外都在逐步走向自由解脱。所有人必然会充分意识到自己的本性。我们每一个人都是完美而无限的存在，哪怕我们存在于现象世界，也必将走上成佛之路。这便是"成佛过程"。

这个过程可以概述如下：（1）我们本具共性；（2）即便迷执自我；（3）生命也仍在持续；（4）且因为因果必然；（5）诸佛实在；（6）众生自会感应道交；（7）自他不二；（8）由此，我们终将打破自我幻梦，觉醒本具佛性，获得上乘智慧。如果将这些要旨进一步浓缩，便可将它们全部融入第八要旨之中，即众生都在成佛过程中。换言之，我们相信，众生都将成佛。这便是大乘佛教之正信。

《梵网经》上说：

> 大众心谛信，汝是当成佛。"我是已成佛。"常作如是信，戒品已具足。

道元禅师也说：

> 佛祖往昔如我等，我等当来成佛祖。

诸佛其实就是那些已经修完佛道的人，他们"已成佛"；而我们已经走在佛道上，我们"当成佛"。诸佛与禅祖原与我们一样，都是普通人，因而，从某种意义上讲，我们也必将成为佛和禅祖。秉承这一信念，就是"发展正信"，就是"正定聚不退位"。

信仰此念，并以此修行，就是佛道之禅——大乘禅法。如果一个人真诚地信仰大乘佛教，那么不管他是和尚、尼姑，还是俗人，他的整个一生都将指向四弘誓愿的最后一愿——"佛道无上誓愿成"。我们吃饭的时候，可以默诵这样的话："一口为断一切恶；二口为修一切善；三口为度诸众生；愿众生皆成佛。"如果要用一句话概括佛法的目标，那就是：皆共成佛道。简言之：成佛。八大要旨就是一步步揭示佛道的内容。此大道便是禅，我们修此道而得人之终极目标，此道就是诸佛与禅祖代代相传而来的正道。

当我将佛法的目标归结为"成佛"时，所言何意？佛经上解释为"万法一如"和"三界所有，唯是一心。"因此，可以说"成佛"的源头就是"一如"或"一心"。但"一如"或"一心"又归于何处？所有的猜测都是徒劳。《碧岩录》的第四十五则公案有文如下：

> 僧问赵州："万法归一，一归何处？"
> 州云："我在青州，作一领布衫，重七斤。"

在此，我当闭嘴了。

第十三章

论独参

"独参"指的是一对一地接受禅师指导。没有独参，就不可能走向正禅。虽然我们不能保证每一间可以独参的禅堂都有正传的禅法，但却可以断定，没有独参，就没有正禅的修习。如此，可见独参之于正禅的重要性。

独参之必要

我们可以将禅修中给人指导的行为比作医生给人看病开药。要想对症下药，医生就要看到病人，并给他问诊。如果医生没有见过病人或者没有询问过病人的病情就开了药方，那他八成是个骗子。同样，就算是世界上最好的医生，也不能仅凭健康讲座就把病人医好。禅师的讲课和讲座也像健康讲座一样，仅靠讲座是不能给予每一个禅修学生合适的指导的。如同身体疾病有许多种类一样，精神疾病也有许多种类——妄念、愚昧等，每个人的病因与程度都各不相同，所以，因人施教非常必要。

据说，早在释迦牟尼佛时期就有了独参的修行方法了。天台宗智者大师对释迦牟尼的教法进行分类，其中之一便是"秘密教"。"秘密教"就是我们今天所说的"独参"。可见，就连释迦牟尼佛也不敢说，单凭讲课就能充分指导自己的弟子。

以独参的形式进行个体教导的原因还有一个。普通人对于自我以外的事物都存在防卫心理，而独参可以让我们卸下防卫。权贵人士的防卫心理尤其强烈，如果有人盯着或看着，他们很难放下。即便他们对于修行有些许疑惑，但在一群人前，他们碍于他人的反应而羞于提问，于是便假装理解。他们被骄傲的自我包裹得更加严实，不愿袒露真实的心灵。修行中如此迟疑不决，致使他们得不到完整的指导，更不可能进行真正的禅修。所以，老师与弟子之间必须有单独指导。

虽然老师与学生会单独进行指导，但坐在独参室附近的人也许会觉得，偷听一下内容对他们的修行也有帮助。这就好比在学数学的时候，直接抄答案，而不去思考该如何解题。尤其对于刚开始参公案的修习者来说，偷看、偷听他人独参更是有害无益。同样，独参室里的人也应该保守秘密。将自己独参的内容告知其他修行者，实际上会妨碍他人的

修行。在传道正禅的严格的禅堂里，学生不大可能
谈论其在独参室里所接受的教导。但在较为松散的
禅修中心，资深修行者也许会透露独参的细节，甚
至会讲出公案的解答。闻者也许就会依葫芦画瓢，
用现成的答案来糊弄老师。如果老师受到了糊弄，
让这个学生通过公案，那可谓是修行的悲哀。独参
室里的事情只能是独参的学生与老师之间的事，任
何人都不应该打听。

对老师的态度

学生应当信任并遵从老师在独参中给予的指导。
虽然听其他老师讲课、说法，或是听一些关于佛法
的讲座（前提是所讲内容没有错误）都无妨，但你最
该听的还是自己的老师在你独参修行时给予的指导。
在真正的禅修中，眼前的老师才是佛法的最高权威。
对于修行的指导，就连释迦牟尼佛或者阿弥陀佛都
干涉不了。

第一次独参时会举行初见礼以建立师生关系。
在这个庄严的仪式里，学生应表示将尊重老师，并
遵从老师教导。同时，一般还会给老师一笔小钱和

一把香。我们不能随便拜师，否则就是对法不尊、对师不敬。一旦师徒关系正式确立，我们就可以从老师那里获得指教了。

尚在修行、还未见性的学生应该只找一位老师进行独参。每个老师的教授风格各不相同，学生如果同时追随两个老师，则会收到两种不同方向的信息。如果学生不知到底该听谁的，那么就可能失去修行重点。修行如果不能统一，很可能会落得"鸡飞蛋打——两头空"。

选了老师之后，也许你还想着能不能换老师。答案是肯定的。在禅修过程中，老师与学生最好能彼此适合。如果师生之间不能和谐一致，那么教导过程只会令二者都不悦。如果你已经跟随一位老师学习，但又遇到了你认为比他更好的老师，那么就算是会辜负原老师，也要毫不犹豫地改投。当然，改投师门不可轻率。不过，只要你经过再三思量，认为改投师门更好，那就不要犹豫。

出于礼貌，你应该向原来的老师郑重告别，但在佛法修行的路上，不应夹杂太多个人情绪。所以，正确的做法是与前师明确告别，再追随新师继续修行。有一点务必牢记，一旦改投，就要忘掉前师的教诲，充分地信任新师，完完全全地遵从他的佛法指导。

上述建议是针对那些尚在修行、还未见性的人，且仅适用于独参的师生关系。见性之后，正确的做法是同时跟随几位老师修行，但最好是跟着一位老师完成参公案后，再找另一位老师独参。

独参的方法

独参的规矩非常严格。虽然老师也如常人一样有缺点，但只要他们的法眼明晰，在独参时就与佛陀和禅祖一样能为人施教。老师不必将学生区别对待，但学生去独参时必须把老师当做佛陀或某位禅祖，心怀信任与尊敬。权贵人士和文化学者也许很难完全放开防备心理，这也在所难免，但若想获得大法，就必须克服这种心理。

独参时，我们的着装要正式得体。僧人穿袈裟，俗人穿朴素暗色系服装（夏季可穿白色）。最重要的是穿着庄重。

原则上讲，独参内容应包含对佛法第一要义的问答。还未见性的人通常会问老师如何修行才能直接体验第一要义。无论问题多么肤浅，只要是与实际修行相关的，就一定会得到解答。例如，学生也许会问，腿疼得无法集中精神时该怎么办，或者，坐禅时昏昏欲睡怎么办。这些问题虽然听起来很浅显，但对于提问者而言却很重要，所以应该毫不犹豫地提出来。同时，高深的思想或哲学方面的问题也应当避免。

还有些问题，比如"佛性是什么？""真的有天堂和地狱吗？""佛教的佛陀和基督教的耶稣有什么不同？"这些问题不太适合在独参时提出。这些问题可以在讲课或讲座中得到解答，或者在与老师喝茶时咨询，但值得在独参时与老师讨论。此外，我们还应该避免询问私人问题，比如有关健康的问题，除非这些问题与我们的修行相关。独参时更加不可闲聊，因为老师此刻正费尽心思引导学生走向真正的禅。

在独参室里的交谈应当简单明了。例如，如果要参公案，就不要说"我参的是赵州询问狗有没有佛性的公案"，而要直接说"我在参《无门关》"。不必要的话就不讲，能省的时间就省，外面也许还有很多人在排队等着呢。另外，也不要等到了老师跟前才去思考要问什么，也不要等老师先说；问题都提前准备好，见了老师马上就开口。

在进入独参室之前，敲两下钟，且注意这两下的间隔不要太短，也不要太长。只要你稍加注意，间隔时间自然就会控制好。进出独参室时，动作不要太快，也不要太慢，保持自然礼貌即可。向老师鞠躬行礼时不可太随便，但也不必太过拘谨。

简而言之，我们的一言一行都透露出我们的人格、定力深度和心愿层次，因而，我们必须时刻留心。而这，本身就是一种禅修。

禅修三大必要条件

第十四章

关于禅修的三大必要条件，古人有云：

一曰大信根，二曰大疑团，三曰大愤志。是三者犹如鼎之三足。

这三足如果缺一，我们就不可能修得正法；足齐聚，则不太可能错过开悟。

第一个条件"大信根"指的是相信我们毫无疑问本来是佛，即相信"众生本来是佛"。"大信根"也指相信"见性"只是照见你本就具有但浑然不觉的东西。因为"照见自性"就是发现自己，你不可能发现不了自己。"大信根"还指相信每个人都在最终成为无上菩提的过程中，并相信只要我们求助于三宝，就一定能实现。最后，"大信根"还指我们相信自己的禅修老师的教导。

"大信根"不只是普通的信念，更是彻彻底底的大彻大悟之后的相信，就好像一棵大树深深地扎根大地一样，即便遇到狂风也不会轻易动摇。只要心存大信根，心魔就没有立足之地。

那么，什么是"大疑团"呢？这里的"疑团"并不是我们平常所说的疑惑，不是对于某则公案的含义有什么疑问。我们可以将"大疑团"看作修行中的"合一"，无论我们是在数息，还是在参《无门关》，我们的整个身心都会汇聚成一个谜团。例如，在参《无门关》时，但凡我们还认为是"我们自己"在修行，那么就还没有汇成"大疑团"。当我们全身心地沉浸在《无门关》中时，便是无在参"无"。不过，如果我们还能意识到这一点，那就说明还没有完全汇成"大疑团"。无减去无。我们不必去思考"无"的含义，只要念它就可以了，"无，无，无。"别无其他。不去思考会否开悟，只是简简单单地念"无"。我们必须不断如此修行，并催问自己，明明它就在眼前，为何还没有参透。我们的整个身心必须完全变成一个"无"时刻，变成一团"无"，让我们的精神能量汇聚成一个不会动摇的疑团。

"大信根"自然而然地激活"大疑团"，如果大信根出现了，大疑团必然会生起。受大疑团的刺激，我们会继续参《无门关》，只是不再找寻或期盼觉醒开悟。觉醒的最快方式是抛弃一切念想，全身心地沉浸于"无"。所谓觉醒，无关乎任何知识或辨识。

《无门关》的作者慧开禅师在万寿寺修行的时候，从他的老师月林师观禅师那里参习了"狗子还有佛性也无？"这则公案（《无门关》）。他参了6年，在刻苦修行的最后阶段，终于参出大悟。他在《无门关》第一则中，回溯了自己的体验，其坚信态度溢于言表：

> 莫有要透关底么。将三百六十骨节，八万四千毫窍，通身起个疑团，参个无字。昼夜提撕，莫作虚无会，莫作有无会。如吞了个热铁丸，相似吐又吐不出。荡尽从前恶知恶觉。久久纯熟，自然内外打成一片。如哑子得梦：只许自知。蓦然打发，惊天动地。

当"大信根"和"大疑团"都出现后，"大愤志"就出来了。"大愤志"是一种强烈的决心，从我们内心深处涌起，驱动我们前进。至此，我们已然相信自己本来是佛，只需发现内心深处即可。我们扪心自问，为什么还没有意识到它。我们必定能做到的！心存"大愤志"，我们一心一意继续参《无门关》，此刻，面前升起了铜墙铁壁，我们无法穿透。

但我们仍要继续鞭笞自己，"别人能做到，我没有理由做不到！"

拔队禅师说过：

> 开悟的障碍是什么？是我们内心对真相的渴求。仔细想想你的这份渴求，并奋勇前进吧。

《妙法莲华经》第十六品说：

> 众生既信伏，
> 质直意柔软，
> 一心欲见佛，
> 不自惜身命。

我们若想与内心真佛相见，就必须做好放弃生命的准备。

许多人跟我说，他们参加过许多禅修集训，他们的修行似乎也有进步，但就是无法迈出最后一步。他们虽然什么都不怕，却害怕自己时刻忧心未来，害怕自己会失去自我。其实，成功与失败的界线就在于此。你必须不顾一切地去突破，并放下自我。

如此，方能领悟生命真谛。我还从未听说谁因为参《无》而死去。记住，"大愤志"就是决定因素。

当"大信根""大疑团""大愤志"齐聚时，实际上早已没有了"自我"，我们整个身体都是"无"。当"我"与"无"真正合一时，"无"就会突然出现，而我们便终于可以和自己的本我面对面。

无论佛法之山有多高，无论无明之海有多深，在无边的"大愤志"面前，它们都不值一提。无论发生什么，你的自我自始至终都是"天然自性佛"。

其他宗教人士的禅修

第十五章

　　越来越多信仰其他宗教的人士对禅修产生了浓厚的兴趣，尤其是基督教徒。有许多还是神职人员，有神父、修女、牧师等，他们投身于自己所信仰的宗教活动中。那么，为什么这么多基督徒（尤其是天主教徒）会在这个时候对禅感兴趣呢？一个原因可能是，无论佛教徒还是基督徒，越来越多的人都在追求宗教哲学的向上一路，另一个原因就是宗教体验的内容越来越贫乏。

　　真正的宗教体验是宗教的核心，也是宗教活力的来源。观念永远不可能替代体验。换言之，哲学思辨和逻辑推论都不能弥补宗教体验的缺乏。对于基督徒来说如此，对佛教徒或其他人来讲亦是如此。寻求救赎的人也好，宗教神职人员也好，他们都希望能带领他人获得心灵救赎，他们要寻找的不止于理论，他们不满足于知识性的解释。所以，观念只是观念，思想只是思想，如果我们没有直接地体验真实来源，即便我们的想法再强烈，也无法获得真正的内心安宁。

　　虔诚的基督徒之所以被禅修吸引，是希望见性开悟也能帮助他们直接体验上帝。找我指导修行的基督徒常常会问，他们可不可以在打坐的同时保留基督教的信仰。我知道他们急于得到答案，所以就告诉他们："别担心，只要你的身心统一，打坐修行就是好事情。"我还给他们解释说，坐禅修行并不只是佛教这样的宗教修行。我想，大部分来三云禅堂修行的基督徒一定都经历了极大的内心挣扎，想尽办法协调禅修与他们自己的信仰吧。这真是件了不起的事。经过禅修的神父、修女或牧师，必定会成为更好的神父、修女和牧师。这些基督徒几乎无一例外地告诉我，他们开始打坐修行后，祷告的品质都变得更深了。这与他们是否见性无关，这也不是什么非凡壮举，我想说，这就是非常自然的事情。

只要条件适当，禅修必定会让人收获心灵的变化。无论是佛教徒、基督教徒还是无神论者，都是如此。不过，当我们为心灵寻找条件时，与我们宗教信仰有关的观念就可能变成障碍，阻碍我们一心一意地修行。坐禅的条件是集中精力、忘掉自我。例如，当一个人坐下来开始参"无"时，如果他是佛教徒，那就必须把佛陀和菩萨搁置一旁，如果是基督徒，就把上帝和基督搁置一旁，然后投入整个身心参"无"。

我对基督教义完全外行，但我知道基督说过，"上帝的国就在你们里面。"所以，当基督徒们向"我们天上的父"祷告时，这个"天上"会不会就是禅宗所说的本质世界？我不敢妄言禅修悟彻的本质世界就是《圣经》上的"上帝的国"，也不敢说清净法身和基督教的上帝有何关系。也许基督徒只是用禅修和深度祷告来直接体验上帝。不管究竟怎样，我们都无法从概念思想的层次解答这些疑惑。只有到达语言无法解释的某种层次后，对比两种传统的体验，才能知晓答案。

拉萨尔神父（Father Enomiya Lassalle）是天主教徒中进行禅修的先驱者，他第一次到小滨市（Obama）的发心寺（Hosshinji）去找禅师请求禅修时，也问到他是否能见性。禅师回答他，"只要你有身体就可以。"这个故事是拉萨尔神父亲口告诉我的。

《无门关》的第三十二则公案是这样的：

> 世尊因外道问："不问有言，不问无言。"
>
> 世尊据座。
>
> 外道赞叹云："世尊大慈大悲，开我迷云，

令我得入。"乃具礼而去。

阿难寻问佛："外道有何所证？赞叹而去。"

世尊云："如世良马，见鞭影而行。"

在释迦牟尼佛的时代，也有许多不是佛教徒的人跟随他修行。释迦牟尼会毫不犹豫地给予他们最纯粹的佛法，也不拒绝与外教徒独参。如果当时有基督徒存在的话，释迦牟尼也一样会接纳他们的。有些非佛教徒（例如公案中的外道）见悟迅速，令释迦牟尼都惊诧不已。而像阿难这样的佛家弟子，虽然常伴佛陀左右，却花了很长时间才领悟了佛陀的全部教诲。

禅就像一片汪洋大海，任何船只，无论是巨大的战舰、百万吨的货船，还是渔船，甚至小帆船，都可以不受约束地在海上自由航行。我认为，禅还像空气，任何生灵，无论是人、动物、植物，还是肉眼看不见的细菌或病毒，都可以存活于空气之中。禅也像空旷的宇宙，任何大小、形状或形式的任何事物，包括太阳、月亮和星星，都可以自由存在于这个空间里，有时为宇宙带来和谐，有时会带来混乱。

第十六章

坐禅实修

禅修的真正意义在于修行本身。前文所述稍显理论化，可当作坐禅实修的知识准备，只是篇幅较长的导论而已。即便我们已经透彻地理解了这些文字，但倘若不开始坐禅实修，那它们就等于长篇废话。只有坐下来修行，才能让坐禅的理论变得有意义。

计划开始坐禅修行的人请注意，以下内容尤为重要，请务必仔细阅读。由于我们每个人的成长环境各不相同，所以最好能找一位合适的老师，在开始修行前，请老师看看什么样的指导方式最适合自己禅修。当你找到合适的老师后，就要放下对于禅的所有成见，遵从老师的指导。如果你没有条件在合适的老师的指导下修行，那就忠实地遵照下述指南进行，如此，你也能安住本质世界。下述指南主要是根据《直接的心得》（*Matters of Immediate Importance*）概括而得。

禅修可分为三部分：调身、调息和调心。

调身

打坐前的准备

首先，将一块厚垫（座布团）放在你想打坐的地方。座布团越厚越好。如果太薄了，你的腿会疼，就无法集中精神，如此，对身心都有碍。

将一个圆蒲团放在座布团上。蒲团的填充物最好是木棉而不是棉花。木棉坐久了会扁，所以要定期重填，让蒲团保持理想的厚度。蒲团太高，坐下来时身体就不好平衡；如果蒲团太矮了，腿就很容易疼。腿短的人要用高一点的蒲团。

坐姿

在地上打坐有三种传统的姿势：结跏趺坐、半跏趺坐和日本坐。

最正统的是结跏趺坐，即将右脚放在左大腿上，将左脚放在右大腿上。脚尖与大腿外侧齐平，脚踝稍稍碰到腹部。这个坐姿最为稳定，这样坐下去，身体的大部分都与地面接触，制造出宽三角形的根基。打坐的目的是让心灵放松，所以我们首先要让身体放松。我们将右腿放在左腿下方，因为右腿一般比左腿更为活跃。为了让心来到放松状态，我们让身体的静态元素先压倒动态元素。故而，这个姿势也被称为"护摩坐"。

不过，佛像和佛画里的佛陀都是将右脚放在左脚之上的。这个坐姿是"向下门"的坐姿，所以，活跃的元素放在了上面。这个姿势也叫"吉祥坐"。而我们的打坐姿势是将左腿放在右腿上面，这叫"向上门"。

如果说结跏趺坐是正统打坐姿势的话，那么半跏趺坐就是它的简化姿势了。在半跏趺坐中，将你的左脚放在右大腿上，将你的右脚放在左大腿下。如果你感觉大腿有点疼，那就换一下，将右脚放在左大腿上，将左脚放在右大腿下。不过，原则上还是建议左腿在上。

结跏趺坐或半跏趺坐可以减轻下半身的重量，而唯一可能疼痛的地方就是交叠的双腿。如果你能适应其中一种姿势，假以时日，你就会发现这样的坐姿比较舒适和稳定，所以比较适合久坐。

如果你没法用结跏趺坐或半跏趺坐，不妨试试日本坐，这种坐姿就是许多日本人坐在地板上的姿势。将身体坐在两条腿上，只有两只脚的脚趾交叠（右脚脚趾在上）。如此，上半身的重量就全部落在折叠的腿上，这个姿势比结跏趺坐或半跏趺坐更容易让人犯困。你可以在腿和臀部之间放一个薄蒲团或者折叠垫，以减轻腿的压力，伸直躯干，这样坐姿就更正确，坐的时间可以更长。膝盖可以稍微打开一点，保持大概两个拳头的距离。有些西方人会改善一下这种坐姿，在两腿之间垫一个高蒲团。

如果修行者觉得以上三种坐姿都非常痛苦，不妨再轻松一些，将两条腿盘在身前，一段时间之后，再慢慢练习上述坐姿。打坐的时候，还可以坐在矮冥想椅上，将两条腿盘在椅子下方，或者借用普通椅子或凳子。当你坐在椅子或凳子上时，膝盖可以稍微打开一点，两腿与地面平行，保持身体稳定。注意，坐在椅子上时，务必保持背部挺直。

如果禅堂里比较冷，则可以在腿上盖一条毛毯。

对于修行者来说，最好一开始就采用最正统的结跏趺坐。虽然刚开始的时候可能会很痛，但只要坚持下去，就一定会变得舒适的。

着装

着装应当干净、整洁，适合打坐，肩膀和腿不要露出来。虽然我们会建议学生穿点宽松舒适的衣服，但这不代表可以穿得太随意。衣服要方便坐下，不要太紧，以免束缚身体。可以穿暗色或中性颜色的。如果你要穿日本浴衣，或者类似的宽松长袍，那就像日本的武士那样，再穿一件袴。

在家打坐时，穿着不用那么讲究。不过，如同环境能影响我们的精神一样，着装也会影响我们的精神状态。如果我们养成习惯，无论在哪打坐都穿着整洁，就更容易进入良好的打坐状态。所以，我们即便在家打坐，也要保证穿着得体。

手势

打坐时的手势称为"禅定印"，象征着我们安住于自己的佛性里，这种手势也有助于安定心神。

将你的右手放于大腿上，掌心朝上；然后将左手放在右手之上，掌心依然朝上。轻轻地将两只手的拇指触碰，并向上指向你的胸部，如此，使它们形成栗子或宝石形状的椭圆形。

检查身体姿势

打坐时坐姿务必要直，因为当我们的腰背挺直时，身体的其他部位也会就位，胸、腹以及内脏都排成健康的队列，血液循环和呼吸也畅通无阻。往下坐的时候，先让臀部尽可能往后，再将上半身弯向地面，最后将下半身坐下去，如此方能坐直。还有一种方法，就是先尽可能向后靠，然后渐渐回到笔直的坐姿。这时，检查一下自己的身体是否向前后左右倾斜。头部也要挺直，鼻子与肚脐在一条直线上，下巴稍稍往里收。然后，检查一下你的头是否向前倾，如果前倾的话，打坐的时候精神就难以集中。在我们的禅堂里，有专门的人员会先检查学生的坐姿。如果有人帮你调整坐姿，一定要记住调整后的感觉，以便自己能够正确坐下。

虽然有些禅修方法教导学生打坐的时候闭上双眼，但大乘禅法的一个修行要点就是始终保持双眼睁开，凝视前方约 1 码①开外的低处。闭上眼睛也许更容易集中精神，关闭外部世界，降低干扰。但闭上眼睛也更容易昏昏欲睡，不能进入真正的修行所

---

① 码：英美制长度单位，1 码等于 3 英尺，合 0.9144 米。

要求的时刻警觉、灵活又紧绷的状态。这种警觉而集中的精神状态可以让我们穿过虚妄念头。如果我们不能睁开眼睛集中精神，那么修行对于我们的日常生活来说也就毫无益处。

对此，道元禅师在《普劝坐禅仪》中这样说道：

> 衣带宽系可令齐整。次右手安左足上，左掌安右掌上，两大拇指相向，乃正身端座，不得左侧右倾，前躬后仰。要耳对肩，鼻对脐。舌挂上颚，唇齿相着，目须常开，鼻息微通。身相既调。欠气一息，左右摇振，兀兀坐定。

调息

打坐时，我们应当轻轻地用鼻子呼吸，不要用嘴巴。我有时会建议学生，一个人在家参《无门关》时，可以微微发出"无"的声音，这样有助于入三昧。不过，在集体打坐的时候就不要这样。

调整好坐姿后，深吸一口气，再呼出。然后将嘴张开，深吸一口气，再像打哈欠那样将气呼出。通过几次呼气，可以将整个身体里的废气全部排出，就像将石板抹得干干净净一样，可以为我们消除不安，使心沉静下来。多做几次深呼吸，用嘴巴将气呼出。这样调整可以让呼吸均匀，为调心做好准备。随后，闭上嘴巴，用鼻子正常地呼吸。再像钟摆那样左右摇摆，摇摆的幅度大一些，然后慢慢变小，最后稳坐不动。接着，就可以开始修行了。

　　每次打坐的最后，在起身之前，先左右摇摆几下，次数和坐下去之前一样，先慢慢摇摆，再加大幅度。这样做，是为了从深度集中的状态中渐渐放松下来。如果你只打坐几分钟，那就没必要这样做。过去的其他禅师还建议在垫子上左右摇摆。道元禅师也说："左右摇振，兀兀坐定。"

　　有一点要特别注意：打坐的时候，切忌腹部太用力，或给腹部太多压力。有位禅师曾经提到，他在十四五年的修行中一直对腹部用力，导致自己健康受损。因此，他建议"在呼吸时适当自然地用力"。在现代化时代之前，禅修时用力过度的问题并无解答，或者还未被提及。因此，我们在道元禅师的著作中，在莹山禅师的《坐禅用心记》中，或是在盘珪禅师（Bankei Zenji）的《坐禅论》（*Treatise on Zazen*）中，都没有看到相关的内容。关于这个问题的讨论也许最早要追溯到白隐禅师的《夜船闲话》（ *Leisurely Talk from a Night Boat* ），其中提出了内观身体下方部位来集中精神的方法，以此治愈身体的疾病。

但以上并不是在指导我们打坐修行。只是腹部太用力的话，不仅可能危害身体健康，还可能在参《无门关》时将注意力一分为二，如此就没有了净化心灵所需的全神贯注。在"只管打坐"的修行里，一个人如果腹部用了力，就不再是"只管"打坐了。正确的禅修方法，就是佛陀和禅祖经世代相传至今的方法。

调心

禅修中调整或沉静心灵的方法可以分为四种：数息、随息、只管打坐、参公案。鉴于学生应该仅从自己的老师那里获取参公案的指导，所以我在此不予讨论参公案的方法，而是着重为大家解释一下其他三种方法。

数息

数息很适合刚开始坐禅修行的人，数息的方法有三种：数呼和吸，只数呼，只数吸。

数息时只要在心里从 1 数到 10，不用数出声，数的时候嘴巴闭上。刚开始时，先数呼和吸，一起计数。先吸气，数"1"，呼气，数"2"；再吸气，数"3"，呼气，数"4"；以此类推，数到"10"后重新数"1"。

然后，再练习只数呼：先大吸一口气，然后呼气，数"1"，再吸一口气，呼气，数"2"，以此类推。

最后练习只数吸，从 1 数到 10，呼气不数。我们最后才使用这种方法，因为数吸比数呼要稍难一些。

不数的时候，切记将心留在呼吸上，不去胡思乱想。三种数息诀窍都掌握之后，就可以根据自己的情况任意使用了。对于这三种方法，最重要的一点就是心无旁骛地计数。

虽说数息是从 1 到 10 反复地数，但你也可能会 11、12、13 地往下数，又或者数着数着就忘了继续数。如果出现这种情况，发现之后马上重新从 1 开始数就可以了。数错也好，忘记数了也好，都不必太担心，重新数就行了。

这种练习就是通过专心给每一次呼吸计数来集

中精神。听起来似乎很费力,其实不然。有时,你
也许需要打起精神才能继续练习,尤其是心烦意乱
或昏昏欲睡的时候。但只要你尽力将精神集中在数
息上,注意力自然就会集中起来。不需要费多大力
气,数息就是一种专心。

随息

随息的意思就是让心指向呼吸,清晰地去感受
每一次吸气和呼气。随息时,我们不再数数,如果
注意力不够集中的话,就很容易分神或犯困。因此,
要毫不动摇地坚定地跟随每一次呼吸。

数息和随息都是适合初修者的方法,同时,这
两种方法都是上乘佛法的完整实践,不应被视为低
层次的方法。要知道,单凭数息就可能让人大彻大
悟。

只管打坐

"数息"和"随息"都是以呼吸为聚焦点,而"只
管打坐"的内容则只有打坐。因此,它是最纯粹的
修行方式,也是佛陀和禅祖们最初的修行方式。如
果你打坐是为了进入内心最深处,那么"只管打坐"
就是最理想的方式。道元禅师就是在"只管打坐"的

时候获得了大圆觉。在我们镰仓的三云禅堂，在独参室完成正式参公案课程的修行者也都会继续练习"只管打坐"。

不过，这种方法对于初修者来说并不简单。在"只管打坐"中，没有一个可以依赖的聚焦点。如果一个人没有十分警觉，心就容易被胡思乱想分散，不能继续真正地打坐修行。如果周遭环境适合坐禅静虑，而修行者的意志力也很坚定，那么"只管打坐"就是突破开悟的最理想的方式。许多俗人为世俗所困，单凭"只管打坐"很难让他们真正突破。对于许多人来说，以这种方式修行，也许只会在那昏昏欲睡、毫无目的地坐着，一无所得。

另外，指导学生"只管打坐"的老师也会发现，很难评估到学生是否进步了，因而，对于老师和学生来说，这个练习就没有了参考点。所以，在三云禅堂，对于那些想获得启悟的学生，我几乎都安排他们参公案。不过，我还是想让我的读者们知道，如果我们决心要练习"只管打坐"，应该怎么去做，在此，我摘录一段《参禅的秘诀》（*The Key to Zen Practice*）里的相关文字：

修行"只管打坐"时，秉持只管打坐的心态非常重要。你要坐得像富士山那样，凌驾于海面之上，蒲团就是大地，你就是整个宇宙唯一的存在。秉持这种精神，保持十分警觉，稳稳地坐在蒲团上。换一种比喻来说，像个即将爆炸（最好已经爆炸）的气球那样坐着，想象你是一名手持利剑的武士，要向你的敌人刺出最后一剑。

在此，我必须再补充一些适用于所有禅修新时代的建议，希望大家能时刻铭记于心。无论你在数息或随息时多么专心，都应当睁开眼睛，以便看见眼前的一切。同理，耳朵也要竖起来，要能听到周遭的一切。意识也不能沉睡，一有胡思乱想冒出来就能立即发现。无论你看到什么、听到什么、想到什么，这些东西都伤害不到你，所以不必将它们视为障碍。相反，还要明白这些所见、所闻、所思对你的修行毫无益处，因而不要被它们牵着走。所谓"牵着走"，就是看个不停、听个不停、想个不停。否则，你的修行肯定会被打断的。

初修者和资深修习者都经常问我，经常分神、情不自禁想别的该怎么办。这其实没什么好担心的，不去在意你的所见、所闻和所思就行了，什么也不用做。任凭它们存在，你继续专心修行就可以了。一旦发现自己分神，马上收心，不必责怪自己怎么分心了。

应对"只管打坐"时出现的杂念的办法，与上述办法基本相同。不过，由于"只管打坐"时没有专心的焦点，所以当杂念出现的时候，我们越是担心它们，它们越可能持续存在。对于初修者来说，这就是"只管打坐"的真正难点。迷失于杂念中的自我并非"假我"，它与你原本的真实自我一样。如果你没有真切地经历真我，就很难接受这个事实。俗话说，"捉贼却捉到自己的儿子"。如果你希望捉到那个贼，那就继续专心打坐吧。

禅修静虑的方式就是这么简单，所以有些人也许会觉得难以保持修行的热情。但这些方法虽然简单，其简单的背后却蕴藏着无限高深的真理。所以，在修行以上任一方法时，你都应该记住，它们都是能让你大彻大悟的道路。相信这一点，继续热忱地修行吧。

第十七章

修行要点

当我们正式开始打坐修行后，会发现在这个过程中又产生了许多其他问题。所以，接下来我将就大家关心的相关问题谈论一下。

面壁打坐

曹洞宗和我们三宝派习惯在打坐的时候面朝墙壁，或类似的平面（比如门或屏风）。素有"壁观婆罗门"之称的菩提达摩就总是面壁而坐。面壁打坐时最好与墙壁保持三尺左右的距离，以免看见远处物体而分神。所以，如果选择在风景如画的地方打坐，那就是完全搞错了地点。

在临济宗的禅修中心，修行者们面对面打坐，如此也有益处。如果有人坐在正对面，你可能就不会松懈或瞌睡。不管怎样，禅堂里的老师怎么教，你就怎么做。独自打坐时，最好就面朝墙壁或类似的平面。

在家打坐的场所

虽然在家中打坐的最佳场所因人而异，但尽可能找一个安静、可以让你独自打坐的地方。床上虽然很安静，但也可能让你昏昏欲睡。在家打坐时不用去想那些你控制不了的事情，给自己营造最佳的打坐气氛就好。最好选在房间的最里面，离房门远些，还可以点一支香或放一朵花，营造出圣坛一样的空间。

房间里的灯光不要太亮，也不要太暗。太亮了，你可能很难沉浸下来修行；太暗了，你的意识可能会变得迟钝，缺乏真正修行所需的警觉。如果太亮，就拉上窗帘或百叶窗，让光线柔和一点。总而言之，不要特别亮或特别暗就行。

房间里的温度不要太高，也不要太低。微凉比闷热要好一些。不过，当一个人真正与修行合一的时候，即便在极冷或极热的环境里也能进入禅定。保证房间里顺畅通风，尽可能让空气新鲜。这一点在一大群人一起久坐时尤其重要，场地负责人要负责观察房间里的通风情况。

餐食与打坐

饭后 30~40 分钟内应避免禅修。我们打坐时最好空腹，但这并不是要我们禁食。从古至今，禅宗大师都提醒修行时不可禁食。同时，饱腹打坐也不可，会让我们昏昏欲睡。日本有句老话说："肚皮紧绷时，眼皮下垂时。"如果我们在饱腹的情况下打坐，若非特别精进的人，就会觉得昏昏欲睡，修行效果就差。如果打坐时总是瞌睡，慢慢就会养成习惯，每次打坐的时候都会昏昏欲睡。如此，还怎么获得开悟。我们在家时，如果觉得困，不妨躺下来，睡一会儿。30 分钟的强烈、警觉的打坐，比 1 个小时昏昏欲睡的打坐要有益得多。

以上是对打坐初修者的建议。对于那些一心想参透"一大事因缘"而奋力修行的人而言，完全可以忽略饭后不打坐的警告。相反，我还建议他们从早到晚一刻不停地打坐，甚至在睡觉时也要继续修行。

去退瞌睡

不少初修者发现，自己只要一坐下来准备打坐，就开始犯困。遇到这种情况，应该重新打起精神，想尽办法让自己保持清醒。可以左右摇摆身体，唤醒自己的精力。如果还觉得困，就给脸上喷些冷水，或者做些轻松的运动。当然，如果你是和大家一起打坐，就不太好这样做，但你可以要求负责人把你叫醒。在心中默念下面这段话，也有效果：

> 人身难得今已得，佛法难闻今已闻，此身不向今生度，更向何生度此身？生死事大，无常迅速，道业未成，何事徒昏睡？

你还可以点一支香，虔诚地祈求佛陀和禅祖帮你除去禅修路上的障碍。

如果你还是不能克服瞌睡，那就先暂时屈服于它。换言之，允许自己打坐时小睡五到十分钟，然后清醒一下，精神饱满地继续打坐。这样做是为了保证之后的打坐修行清醒而专注。

适宜的打坐时长

许多人都想知道，一次打坐要进行多久比较合适。打坐时间短并不会比时间长的更有效果。打坐自有其价值和功绩，与时间长短无关。从早到晚不停打坐并非就是最好的修行方式，如果你短时间打坐就可以受益，那么长时间打坐也一样可以。

比起时长，更能决定修行效果的是打坐的真诚度。如果你一向都是十分热忱地打坐，那么5分钟、一小时或一整天的效果就会不一样。如果单纯地以为打坐时间短就毫无效果，打坐一整天才有用，那就大错特错。无论时间长短，只要一个人虔诚认真地打坐，就必然会有收获，我们应当珍惜任何可以打坐的时间。如果我们坚持认真打坐，假以时日，其效果必会不断增强，收获必会非凡。

如果我们打坐时间过长，精神可能会懈怠，即便我们态度十分坚决热忱，也难免会失去有效打坐所需的警觉。我们的精神机制无法持续长时间、无干扰的高度集中状态。自行打坐的初修者最好从5分钟一次的时长开始，之后逐渐延长到25分钟或30

分钟左右一次。不过，我想再次强调一遍，这并不意味着打坐时间越长，修行效果就越好。打坐时长根本上还是取决于个人情况，在个人可承受范围内即可。

长时间打坐

如果你有很多空余时间，希望一天多几次打坐，那么务必要保证时间活动身体和休息。落座修行、行走修行和休息也被称为"止修""行修""休"。止修就是"停止，静心"，表示不动摇地打坐；行修就是做动作修行；休就是"放松"，表示休息一会儿或休息一次，离开禅堂去上厕所，或处理其他急事。

如果你能谨慎地分配时间，那就能如愿地长时间打坐。不过，一如我之前所说，每一次打坐的时间最好不要太长。尤其在独自打坐时，很难持续到30分钟以上，即便是长期打坐者也不行。对独自打坐的初修者而言，一开始打坐20分钟就可以了。一次打坐结束后，最好做5到10分钟的行修，再休息5到10分钟。你可以将正确打坐的这三个步骤看作一组活动，如果你的日程允许，你可以将这组活动重复多次。但要记住，打坐时必须时刻保持警醒和全神贯注。

如果你认为在愉快的睡梦状态中长时间打坐才是正确的打坐，那就大错特错了。

行修

行修就是在打坐时起身并走动。其目的不仅是舒活筋骨，或是在禅堂里闲步，更是在行动中修禅。行修连接着禅修的静修和动修，所以也应当全神贯注地进行。

行修就是在行走时继续禅修：数息的人继续一心一意地数，参公案的继续参《无门关》，打坐或随息的也继续打坐和随息。换言之，我们在静静走动时，也要继续保持之前的修行。

行修是禅修的关键环节。我在此前的章节里罗列过禅的三大目标：发展定力、体验上乘、体现上乘。用定期行修练习来配合打坐修行对于发展定力来说至关重要。而发展了定力后，有助于我们"随处作主"。临济禅师曾说："如果你能随处作主，那你无论站在哪里都能得真。"换言之，无论身处何处，你都不会受环境所困，相反还能有效地行动。要培养出这种心力，就不仅要静坐修行，更要能够在行动中修行。

心静能让人静坐，但当我们陷入日常生活的活动时，心灵的沉静就很容易消失，我们也许就会发现自己受环境所制，无法采取有效行动。这便是为什么我们除了打坐修行之外，还必须发展在日常环境中集中精神的能力。正如古人所说："动中工夫胜静中百千亿倍。"

当我们在行修中行走时，双手应交叉放在胸前。右手握拳，轻轻放在胸口，左手再盖住右手。如同双腿交叉时一样，我们用不那么活跃的左手，盖住活跃的右手。前臂与地面平行，背部挺直，头部放正，身体不向前或向后倾。开始在房间里来回走动时，目光保持在前方两码的地方。在临济宗的寺院里，僧人会把和服下摆折到背后，然后快速走动，几乎像跑一样，在房间里或在道场外绕圈。曹洞宗的僧人则相反，他们会进行"一足半步"：每一次只将脚迈出去半步，走得非常慢。你若不仔细观察，完全不会发现他们在走动。

这两种行修的方法各有其道理，我不想在此对他们进行分析比较，只想建议各位，每两三秒钟走一步，这是我们禅修中心的行修速度。行修的益处除了上述几点，还可以舒缓腿脚疼痛、赶走瞌睡。

打坐时注意时间

切记要为自己的打坐计时。有些人也许想打坐20、30或40分钟。对初修者来说，一开始总感觉时间很慢，总是会不停地想还有多久结束，因而很难沉下心打坐，如果之后还有别的事情要做，这种感觉就尤其明显。所以，不妨放一个座钟、一块手表或一根燃烧的香来计时，帮助你舒缓焦虑。

有时，我们原打算短暂地打坐，却不想最后的打坐时间远超计划。有时，我们计划了长时间的打坐，结束时却发现时间才过去一小会儿。所以，不妨在打坐的附近放一个计时器。一座钟或一块表都是最简单的工具，烧一根香也可以计时。焚香不会有声响，也不会有视线干扰，其香气还有助于使你进入打坐状态。焚香前，将香支长度折到你想要的时长即可，开始打坐时就把它点燃。此外，还可以用闪光或震动定时器。

每日坐禅次数

一天最理想的打坐次数取决于修行者的意愿和环境。如果我们将一次打坐的时间设定为 30 分钟，那么一天打坐 4 次就合计为 2 小时。每个修行者每天至少应该打坐 1 次，而大部分人应该都能至少打坐 2 次，也就是 1 天打坐 1 小时。意愿强烈的修行者一天可打坐 3 次或 4 次，不过，要保持这样的日程习惯确不容易。

有时，人们会抱怨自己太忙，没空打坐，但他们之所以会抱怨，是因为对于打坐还有误解。如果他们真正理解了打坐的意义，就会意识到，越是忙碌的人，越需要打坐。

禅修是一种让身心健康的方法，它既可以恢复也可以更新状态。工作了一天，吃过晚餐，放松一会儿，我们可能就已疲惫不堪，不想再做任何事情。如果在这个时候，我们去打坐 20 分钟，那么很快就能感觉到僵硬的身体在慢慢苏醒。我想，不止我一人有过这样的体验。打坐结束后，我们就会发现，自己又有精神去阅读或做其他事情了。打坐可以帮助我们恢复身体和精神状态，所以无论是脑力劳动者还是体力劳动者，都能在打坐之后恢复精力。打坐 0.5 小时、工作 7.5 小时的人，其工作效率远高于不打坐而工作 8 小时的人。

打坐的好处不止于我们的身心。如果我们继续打坐修行，我们的生活状态（社交、经济、家庭等）就会自行改善。这些状态不会突然改变，而是自然而然地得到了改善。这是因为我们在打坐修行时，完美和完整的本性在我们的身体和心灵上都显现出来了。只要我们毫不懈怠地每天坚持打坐，生活就一定会得到改善。不过，道理虽如此，我们还是需要亲自实践才能证实。所以，我建议大家开始修行，亲自检验效果。

如果你的意愿强烈、环境允许，每天可以多打坐几次，但要保证严格按照日程规划进行。如果你计划 1 天打坐 3 次，那么最佳的打坐时间是什么时候呢？这也取决于你所处的环境。理想的方案是起床洗漱后打坐一次，白天打坐一次，晚上睡觉之前再打坐一次。对于全职工作的人来说，白天可能没有时间打坐，那么，可以将这一次打坐融入到早间或晚间的打坐中。总之，最重要的是尽可能根据环境允许的情况多打坐。

做笔记

我建议打坐时放一个小记事本在身旁。当心灵忙碌时，就算是非常重要的事情，我们也很容易忘记。不过，只要坐在蒲团上，就开始想起来了。常常是一坐下来，那些困扰着你的需要解决的问题一下子就有了解决办法。那些有创意的想法也会在这时突然出现，而如果你尝试记住这些想法，就会干扰到自己的修行。这时，如果你的手边有一个记事本，就可以稍微做一点笔记，然后继续打坐。这听起来是小事一桩，却能影响重大。

检查进展

如何检查自己的禅修进展呢？由于禅修的益处是无形的，所以即便你努力修行，也可能察觉不到它的好，反而感觉自己的修行毫无效果。你的意志可能就会动摇，你也许就会认为打坐是愚蠢而浪费时间的行为，于是彻底放弃。所以，为了避免让自己泄气，很有必要检查自己的修行进展。

如果你每天都打坐 20~30 分钟，并且已经坚持了 1 个月、3 个月或半年，那你就应该将自己此刻的身心状态与刚开始时做个比较。你一定会发现自己的状态改善了很多。比如，胃病不再烦扰你了。又如，曾经你很难入睡，或者经常在半夜醒来，无法再次入睡，而这时你就发现，你很容易就睡着，并且夜里睡得特别香了。又或者，你经常感到焦躁，很容易发脾气，但现在你已经很难生气了。再或者，你也许会发现自己在阅读的时候比以前更全神贯注了。这些变化也许都非常微小，但你肯定都能感受到。

当你察觉到这些变化时，对自己的修行能力就会更有信心，如此，你的修行热情也会增长。与此同时，你也应当认识到，所有这些都只是冰山一角，打坐的益处远不止这些。

设定目标

当你开始打坐修行时，就应当设定一个打坐的时间目标：几个星期或几个月。从大乘禅的角度来说，我们修行的这条佛道是无止尽的。所以，理想的状态当然是坚持修行之路，不间断、不后退、不放弃。但对普通人来说，这一目标太难实现，那些打算永不止步的人也许没几个星期就放弃了，这实在令人遗憾。

所以，我建议初修者给自己设定一个时间目标，并坚定信念一定要实现这个目标。不过，如果设定的目标时间太长，那就和没有设定一样。如果目标时间太短，就可能还没来得及发现打坐的效果。所以，最好将时间设在 6 个月到 3 年之间。在你设定时间目标时，最好也设定每天打坐的次数目标。坚持打坐修行，直到目标实现。

修禅决心强烈的人可以不设定时间目标，改为坚持修行到某些效果实现为止。例如，有些人的目标是让自己不再爱抱怨，或者沉住气不乱发脾气。有些人想让自己的宗教信仰深化，或者能真正见性。但除非修行者性情非凡，否则以上目标都很难实现。所以，对于我们大多数人而言，最好是设定时间目标：至少打坐几个月，或几年。如果你定期检查自己的进展，你就一定会发现修行的好处，自然就会愿意继续修行。

当你实现一个目标后，不妨设一个新目标，再继续修行。

热情

打坐修行是为了实现内在革命，所以，修行的效果取决于我们是热情洋溢地修行，还是浑浑噩噩地度过。如果我们轻松闲步 1 小时，一路上走走看看，也许能走两三公里远。但如果我们走的是一条生机勃勃的直路，则很容易多走一倍的距离。如果我们没命地奔跑，则距离还会更远。同样的道理也适用于禅修的精神之旅，我们在这场旅行中从昏暗的迷妄世界走向明亮清晰的光明世界。

既然你已经抽出了宝贵的时间来打坐修行，那么就应当尽可能热忱地打坐，争取达到最高的修行效果。无论是打坐 5 分钟、10 分钟，还是 1 个小时，都应该一心一意，将所有事情搁置一旁，全身心地投入打坐之中。

持续

假设有个人决定要修行 3 年，每天打坐 2 次，每次 20~30 分钟，可他修行了一个星期，却因为工作的缘故要暂停 10 天。10 天后，他又开始修行，四五天之后，又因为工作太忙而暂停了一个星期。如此修修停停，他的进展非常缓慢。当然，也不说完全没有进展，他当然进步了，但因为他的进展特别缓慢，所以他完全意识不到自己的改变。最终，他可能就会丧失兴趣，并放弃修行。

当然，每个人的生活中难免会有些时日无法打坐，对此我们也无可奈何。但即便我们出门在外，也应当尽可能地执行自己的打坐计划。如上述例子所展示的，打坐的持续性非常重要。如果我们每天都认真打坐，就一定会真切地感受到其成效，打坐的热情自然就会增长。修行者如果从一开始就相信并坚持这样修行，就一定会不停地进步，最终实现自己的终极目标，人格完美，修成正佛。这样的人一定是万里挑一、卓越非凡的，与佛法一定是结下了数世的因缘。不过，每个人与佛法的因缘深浅不一，对于普通求道者而言，很难在修行中这样勇猛前进。

与此同时，也要知道，任何一次打坐的所得都会印在我们的潜意识里。当我们决心打坐，并满腔热情地坐下来时，无论是坐 1 个小时，还是短短 5 分钟，都能完美而完整地展现自己最纯净的真如本性。无论你是否察觉，修行的效果都永远不会从你的人格中消失。另外，由于本质世界的性质是"一即多，多即一"，所以，只要你能展现出那无与伦比的本性，即便只有短短一刻，也能让整个宇宙都变得纯净而非凡。

道元禅师在《办道话》中这样说：

> 人若一时于三业标佛心印，端坐于三昧时，则遍法界皆为佛印，尽虚空悉成证语……
>
> 须知即便十方无量恒河沙数诸佛，皆共励力，以佛之智慧计知一人坐禅之功德，亦不得其边际也。

一旦某次体验储存于我们心中，就会永远存在于生活的每一刻，无论我们察觉与否，它都会存在于我们的每一次思想和活动中。我们的个体人格是由储存在潜意识中的过去经历的总和所构成的，是这些经历体验的结晶。人格在我们清醒的每一刻，影响着我们的意愿、情绪和言行举止。

佛教将人格称为"业"。现代心理学似乎认可佛教关于人格的观点，即人格是过去经验的总和。不过，心理学家们将他们的研究局限于性格遗传、胎儿期经历和生活经历等因素的影响。而佛教则更进一步，把无始过去到无数永世的所有经历都包含进来。当然，这些经历并不是我们全都意识到的。我们的意识能够唤起的经历只是所有经历的一小部分。不过，所有这些经历汇聚起来，就形成了我们的独立人格，成为我们生活中每分每秒的一言一行。

如我之前所述，我们的真实自我（本来面目）是无色、透明、纯净、无染且没有一丝污垢的。不过，在现象世界里，真实自我披着妄念的外衣。与我们的人格处于虚妄状态相反，佛陀一尘不染、没有妄念。正如我之前所说，佛教的宇宙观把从漆黑世界到光明世界的生灵分为十界：地狱界、饿鬼界、畜生界、修罗界、人界、天界、声闻界、缘觉界、菩萨界和佛界。不过，这种分法也只是权宜之计，虽然我们所有人都活在人界，但每个人的成就千差万别。

当我们决心净化自己被妄念覆盖的人格后，会用打坐的方法一层一层铲除妄念。每一次打坐修行都是一次清除妄念的过程，打坐一分钟，就会有一分钟的成果；打坐一小时，就有一小时的成果；打坐一整天，就有一整天的成果。最重要的是：每一次打坐，无论时间长短，都让我们离清净无染的佛性更进一步。

就好像我们把一杯清水倒进了一桶脏水里，虽然肉眼看不出这桶脏水发生了什么变化，但它的确是比先前要干净一些了。同理，即便我们只打坐一次，我们的人格也会因为这次打坐而变得更加清净。尽管我们还意识不到，但我们已然向着自己的本性更进一步了。

也许有人会觉得我在这里夸大其词，但还是希望你能明白这些。否则，当你打坐了一周或一年，却感觉不到实在的效果时，就会觉得整个打坐修行都是在浪费时间。实际上，哪怕你只打坐了一两次，你的人格也因为这次打坐而受到了一定的影响。

以上关于禅修效果的论述，都是站在现象世界的修行层面来谈的。如果想从本质世界的角度来谈，可以听听道元禅师在《办道话》中所说的：

　　须知即便十方无量恒河沙数诸佛，皆共励力，以佛之智慧计知一人坐禅之功德，亦不得其边际也。

附

录

术语中英文对照表

英文	中文
人名	
Akutagawa Ryūnosuke	芥川龙之介
Alan Watts	阿兰·瓦兹
Alexander the Great	亚历山大大帝
Amida	阿弥陀佛
Amitabha	阿弥陀佛
Arai Sekizen Roshi	新井石禅老师
Arthur Waley	亚瑟·韦利
Asahina Sōgen Roshi	朝比奈宗源老师
Avalokitesvara	观自在菩萨
Baisajyaguru	药师佛
Bankei Zenji	盘珪禅师
Baso	马祖 【Baso Dōitsu 马祖道一 Mazu Daoyi（709–788）】
Bassui Tokushō Zenji	拔队得胜禅师
Bodhidharma	菩提达摩
Brahman King	托塔天王
Bukkō Zenji	佛光禅师

人名	
Caesar	恺撒
Chisha Daishi	智者大师（Zhiyi）智顗
Chōkei	长庆
Chūhō Oshō	中峰和尚（中峰明本）
D.T.Suzuki	铃木大拙
Daiō	大应（国师）
Dairyū	【汉】大龙
David R. Loy	大卫·R. 洛伊
Descartes	笛卡尔
Dōgen	道元
Dōgo Enchi	道吾圆智
Dr. Kazue Yamada	山田一惠博士
Dr. Roselyn Stone	罗塞林·斯通博士
Eisai Zenji	荣西禅师
Eka Daishi	慧可大师
Engo	圆悟克勤
Enō（Hui-neng）	慧能
Enyadatta	演若达多
Father Enomiya Lassalle	拉萨尔神父

人名	
Fuketsu Oshō	风穴和尚
Fumyō Zenji	普明禅师
Gensha	玄沙
Hakuin Ekaku	白隐慧鹤
Hanamoto Kanzui	花本贯瑞
Henry Shukman	亨利·舒可曼
Hideyoshi	秀吉
Hyakujō	百丈 【Hyakujō Ekai 百丈怀海 Baizhang Huaihai】
Iida Tōin Roshi	饭田欓隐老师
Ikkyū	一休
Isan Reiyū Zenji	沩山灵祐禅师
Isan Zenji	沩山禅师
Joan Rieck	琼·里克
Jōshū	赵州（和尚）
Jūetsu Zenji	从悦禅师
Kakuan Zenji	廓庵禅师
Kannon	观音
Kazue	一惠

续表

人名	
Keihō Shūmitsu Zenji	圭峰宗密禅师
Keizan Jōkin	莹山绍瑾
Keizan Zenji	莹山禅师
Koizumi Shinzō	小泉信三
Kōun Yamada	山田耕云
Kui Feng	圭峰
Kyōgen Oshō	香严和尚
Kyōzō Yamada	山田匡藏
Kyūhō Dōken	【汉】九峰道虔（原书的人名对照表里写的是"九岭道虔"，但经查证应是九峰道虔）
Li Po	【汉】李白
Mahakashyapa	大迦叶
Manjushri	文殊菩萨
Margaret Tsuda	玛格丽特·津田
Migaku Sato	佐藤见学
Mitsuko	光子
Mr. K. Y.	K.Y. 先生
Myōzen Oshō	【汉】明全和尚

续表

人名	
Nakagawa Motoshi	中川本井
Nakagawa Sōen Roshi	中川宋渊
Nangaku Ejō	南岳怀让
Nata	哪吒
National Teacher Bukkō	佛光国师
National Teacher Echū	南阳慧忠
National Teacher Echū	南阳慧忠国师
National Teacher Musō Sōseki	梦窗疏石国师
National Teacher Shōichi	圣一国师
Nishida Kitarō	西田几多郎
Nyojō Zenji	天童如净
Ōbaku	【汉】黄檗（bò）
Paul Shepherd	保罗·谢波德
Philip Kapleau	菲利普·卡普乐
Rei'un	灵云
Rinzai Zenji	临济禅师
Robert Aitken	罗伯特·艾特肯
Ryōun–ken Masamichi Yamada	山田凌云（山田匡道）

续表

人名	
Ryūichi Kanda	上田龙一
Ryūtan Oshō	龙潭和尚
Samantabhadra	普贤菩萨
Seigen Gyōshi	青原行思
Sekisō Keisho Oshō	【汉】石霜庆诸和尚
Seppō	雪峰
Shaku Sōen	释宗演（禅师）
Shakyamuni Buddha	释迦牟尼佛
Shōichi	圣一（国师）
Shunryu Suzuki	铃木俊隆
Sorori Shinzaemon	曾吕利新左卫门
Taiso Daishi（Keizan Zenji）	太祖大师（莹山禅师）
Taizan Maezumi	前角博雄
Takeda Shingen	武田信玄
Tendō Nyojō Zenji	【汉】天童如净禅师
Thomas Yuho Kirchner	托马斯·尤霍·基什内尔
Tokusan Enmitsu	【汉】德山缘密
Tokusan Senkan Zenji	德山宣鉴禅师
Tōrei Zenji	东岭禅师

续表

人名	
Toyoda Dokutan Roshi	丰田毒湛
Toyotomi Hideyoshi	丰臣秀吉
Tōzan（Dongshan）	【汉】洞山
Uesugi Kenshin	上杉谦信
Unmon	云门文偃
Unsei Shukō	云栖袾宏
Vairochana Buddha	毗卢遮那佛
Vladimir Ashkenazy	弗拉基米尔·阿什肯纳齐
Yakusan Zenji	药山惟俨禅师
Yamamoto Gempō	河野宗宽
Yōka Daishi	永嘉大师
Zenkei Shibayama	柴山全庆
Absolute Three Treasures	三宝
an elevated dead person	得道死人
禅语	
Avici	阿鼻地狱
bodhisattva	菩萨 / 菩提萨埵
Brahmajala Sutra	《梵网经》
buddha– mind	佛心
buddha nature	佛性

续表

禅语	
Buddha of Innocent Truth	天真佛
buddha seal	佛印
buddha virtues	佛德
Buddhadharma	佛法
consciousness	识
Dharma body koans（hosshin）	法身公案
Dharma tools	法具
dhyana	（梵语）禅
dokusan（private interview）	独参
Eight Hells of Fire	八热地狱
emptiness of object	客体空
emptiness of subject	主体空
Empty–oneness	空一
Essential Rank	本质阶
five aggregates	五蕴
Flowing Rock Zen	流岩宗
form	色

续表

禅语	
Hell of Infinite Duration or Unlimited Suffering	无间地狱
Hōgo（Dharma Talks）	法语
hokku（Emptiness of all things）	法空
Hossō	法相（宗）
idea of emptiness	空念
Igyō	沩仰宗
jintsūriki	神通力
jōriki	定力
kachi ichige	惊奇一刻
karma	业（因果报应）
kenshō	见性
kikan	机关
koan	公案
Koans of the five modes and ten grave precepts（go–i jūjūkin）	五颂十重戒公案
Koans that are difficult to pass（nantō）	难通公案

续表

禅语	
Koans that clarify with words（gonsen）	言教公案
kōge	向下
kōjō	向上
Lotus Land	莲花地
Mahayana or Great Vehicle Zen（Daijō Zen）	大乘禅
Mahayana Zen	大乘佛法 / 大乘禅
Mahayana Zen Buddhism	大乘佛法
manifest koan（genjō koan）	现成公案
mental action	行
mind ground	心地
mondo	问道
Mu	无
mujōdō no taigen	成佛
ninku（Emptiness of the self）	人空
old case（kosoku）koans	旧则公案

续表

禅语	
Ordinary Zen（Bompu Zen）	凡夫禅
perception	想
perfect enlightenment	圆觉
perfection of wisdom	般若
Phenomenal Rank	现象阶
raison d'être	因果缘由
Revering the Dharma	尊法
richi	理致
Rinzai	临济（宗）
saha	娑婆
San'un Zendo	三云禅堂
Sanbō Kyōdan	三宝教团
Sanbō Zen	三宝派
satori（awakening）	开悟
sensation	受
sesshin	参禅
shinjin datsuraku	身心脱落
shūkyō	宗教
silent illumination Zen	默照禅

续表

禅语	
Sōtō Zen	曹洞宗
Supreme Vehicle Zen（Saijōjō Zen）/Supreme Way Zen	最上乘禅
taigo Zen	大悟禅
tathagatas	如来
the Buddha of the Absolute Three Treasures	佛宝
the Dharma of the Absolute Three Treasures	法宝
the essential world	本质世界
The Flowering Hedge	花开之篱
the Four Great Vows	四弘誓愿
the law of causation	因果法则
The Oak Tree in the Garden	园林之橡
the Pure Land sect	净土宗
the Sangha of the Absolute Three Treasures	僧宝
The Sound of One Hand	只手之声

禅语	
there are no beings to save	舍念清净
Three Pounds of Flax	麻三斤
unexcelled complete awakening	阿耨多罗三藐三菩提
Vasubandhu	世亲
Wrong views（tendō mōzō）	妄念（颠倒妄想）
Your Face Before Your Parents Were Born	父母未生之前的本来面目
zazen	坐禅
zazenkai	坐禅戒
Zen of little consequence（buji zen）	无事禅
Zen sickness	禅病
Zen that sees through words	看话禅
其他	
aikidō	合气道
An Introduction to Zen for Laypeople	《致平信徒的禅宗引介》

续表

其他	
Abhidharma Treasury	《俱舍论》
Awakening Gong	《觉醒功》
Awakening of Faith in the Mahayana	《大乘起信论》
Believing Deeply in Cause and Effect	《深信因果》
Bendōwa	《办道话》
Blue Cliff Record	《碧岩录》
Bodhidharma Puts the Mind to Rest	《达摩安心》
Bokushū's Thieving Fool	《睦州掠虚汉》
Book of Equanimity	《从容录》
Buddha Treasury Sutra	《佛藏经》
Collected Biographies of Zen Masters (Gotō–Egen)	《禅林僧宝传》（五灯会元）
Collected Discourses from the Wellspring of Zen (Zengen Shosenshū)	《禅源诸诠集》

续表

其他	
Commentary on Transmission of the Lamp（Denkō-roku Dokugo）	《传灯录评注》
Contemporary Enlightenment Experiences	《当代开悟经验谈》
Dialogues in a Dream（Muchū Mondō）	《梦中问道》
Diamond Sutra	《金刚经》
Discourse on Recommending Zazen to All People	《〈普劝坐禅仪〉述评》
dō	（日语后缀）道
Eihei	永平（寺）
Engakuji Temple	圆觉寺
Entangling Vines	《宗鉴法林》
Essentials of Zen	《禅之精要》
Essentials of Zen Practice	《禅修精要》
Evening Talks from a Mountain Hermitage	《山房夜话》

其他	
experience–based spirituality	经验型宗教
Extensive Record	《永平广录》
faith–based spirituality	信仰型宗教
Five Modes of Endeavor and Accomplishment	《功勋五位颂》
Five Modes of the Essential and the Phenomenal	《五位君臣颂》
Gateway to the Essentials of Meticulous Practice in the Five Zen Schools	《五禅宗精修要领入门》
Genjō Kōan	《现成公案》
Great Perfection of Wisdom Sutra	《大品般若经》
Guidelines for Studying the Way	《学道用心集》
Heart Sutra	《心经》
Hershey Family Foundation	赫尔希家族基金会
Hosshinji	发心寺

续表

其他	
judō	柔道
kadō	花道
Karma of the Three Times	《三世业》
kendō	剑道
Kōgoku temple	向岳寺
Kogoku temple	甲州寺
Koshu	山梨（县）
Kyōgen Strikes the Bamboo	《香严击竹》
Kyūhō's Disapproval	《九峰不肯》（《从容录》第九十六则）
Leisurely Talk from a Night Boat	《夜船闲话》
Lotus Sutra	《妙法莲华经》
Making Offerings to the Buddhas	《供养诸佛》
Neng Jen Temple	能仁寺
noema	意向对象
noesis	意向活动

其他	
Obama	小滨市
Pictures and Verses on Taming the Ox	《牧牛图颂》
Recommending Zazen to All People（Fukan Zazengi）	《普劝坐禅仪》
Record of Rinzai （Rinzai-roku）	《临济录》
Record of the Hōkyō Era	《宝庆记》
Ryūtakuji	龙沢寺
sadō	茶道
seiryo	静虑
Seppō's Grain of Rice	《雪峰粟粒》
Shōbōgenzō	《正法眼藏》
shodō	书道
Shōgunate	幕府时代
shushōhen	《修证义》
skeptical relativism	不可知相对论
Song in Praise of Zazen	《坐禅和赞》

其他	
Song of Realizing the Way（Shōdōka）	《证道歌》
Sutra of the Three Thousand Names of the Buddha	《三千佛名经》
Temmoku– san monastery	西天目山
Ten Grave Precepts	《十重戒》
Ten Ox–Herding Pictures	十牛图
Tendō Mountain	天童山
The Authentic Gate of Zen	《禅之真门》（日版原著名）
The Bible	《圣经》
The Deeds of the Buddha	《佛本行集经》
The Dharma Words of National Teacher Daiō	《大应国师偈语》
The Gateless Gate	《无门关》
The Gateless Gate: The Classic Book of Zen Koans	《无门关：禅宗公案经典》

续表

其他	
The Grinding Song of Old Lady Shushin（Shushin Obaba Konahiki-uta)	《朱唇老妇碾磨歌》
The Key to Zen Practice	《参禅的秘诀》
The Problem of Morality in Modern Times	《摩登时代的道德问题》
The Three Pillars of Zen	《禅门三柱》
three cumulative pure precepts（sanju jōkai）	三聚净戒
three precepts of taking refuge, or "threefold return（sankikai）"	三归戒
Tosotsu's Three Barriers	《兜率三关》
Treatise of Seng Chao	《肇论》
Treatise on Mind Only	《成唯识论》
Treatise on Zazen	《坐禅论》
waka verse	和歌
Warnings for Zazen	《坐禅用心记》
Warnings on Zen Practice	《坐禅用心记》

其他	
Warring States Period	（日本）战国时代
Wen Prefecture	温州
White Ox Pictures with Verses	《白牛图颂》
Wisdom Publications	智慧出版社
Zazen Yōjinki （Guidelines for Zazen）	《坐禅用心记》
Zen Mind, Beginner's Mind	《禅者的初心》
Zen: The Authentic Gate	《禅的正门》

Arai Sekizen Roshi   新井石禅老师（1864—1927）

Asahina Sōgen Roshi   朝比奈宗源老师（1891—1979）

Chisha Daishi   智者大师（538—597）

（汉：Zhiyi）   智顗

Eka Daishi   慧可大师（487—593）

Enō（汉：Hui–neng）   慧能（638—713）

Engo   圆悟克勤（1063—1135）

Hakuin Ekaku   白隐慧鹤（1686—1768）

（Hakuin Zenji）	白隐禅师
Hideyoshi	秀吉（1537—1598）
（Toyotomi Hideyoshi）	丰臣秀吉
Iida Tōin Roshi	饭田欓隐老师（638—713）
Isan Reiyū Zenji	沩山灵祐（771—853）
Keihō Shūmitsu Zenji	圭峰宗密（780—841）
（汉：Kui Feng）	圭峰
Keizan Zenji	莹山禅师（1268—1325）
Koizumi Shinzō	小泉信三（1888—1966）
Kyōgen Oshō	香严和尚（?—898）
Kyūhō Dōken	九岭道虔（生卒年不详）
Myōzen Oshō	明全和尚（1183—1225）
Nakagawa Sōen Roshi	中川宋渊（1907—1984）
National Teacher Bukkō	佛光国师（1226—1286）
National Teacher Echū	南阳慧忠（675—775）
National Teacher Shōichi	圣一国师（1202—1280）
Nyojō Zenji	天童如净（1163—1228）

Rinzai Zenji	临济禅师（？—866）
Seigen Gyōshi	青原行思（？—740）
Sekisō Keisho Oshō	石霜庆诸和尚（807—888）
Taiso Daishi （Keizan Zenji）	太祖大师（1268—1325）
Tokusan Senkan Zenji	德山宣鉴禅师（780—865）
Tōrei Zenji	东岭禅师（1721—1792）
Toyoda Dokutan Roshi	丰田毒湛（1840—1917）
Tōzan（Dongshan）	洞山（807—869）
Yakusan Zenji	药山惟俨（745—827）
Yōka Daishi	永嘉大师（665—712）

英文版原书注释

1. This is an example of *senryū* 川柳 verse.

2. Bassui 抜隊, *Hōgo* 法語（DharmaTalks）

3. *Shōbōgenzō*, "Genjō Kōan" 正法眼蔵 , 現成公案

4. *Zazen Yōjinki* 坐禅用心記

5. *shushōhen* 修証辺

6. anuttara samyak sambodhi 阿耨多羅三藐三菩提

7. Nata: Son of the Brahman King. A great demon-king with three faces and eight arms, Nata here represents the Original Face.

8. *tendō mōzō*, literally, "upside-down delusions" 顛倒

妄想

9. *shūshōhen* 修証辺

10. *honbunjō* 本分上

11. *mokushō* 黙照

12. *kanna* 看話

13. *kūge*, literally "empty flower," or "a particle floating in the vitreous humor of the eye" 空華

14. 1941

15. Translated by Thomas Yuho Kirchner in *Dialogues in a Dream*, forthcoming from Wisdom Publications.

16. *sankikai* 三帰戒

17. *sanju jōkai* 三聚浄戒

18. *sassho* 拶所

19. *gongo dōdan* 言語道断

20. *furyū monji* 不立文字

21. *kangai kenkon* 函蓋乾坤

22. *shuru setsudan* 衆流切断

23. *zuiha chikurō* 随波逐浪

24. The above koans are found in the *Entangling Vines, Gateless Gate*, and *Blue Cliff Record* koancollections.

25. See chapter 8 for treatment of the *Five Modes of*

Endeavor and Accomplishment. Yamada Roshi did not take up the *Five Modes of the Essential and Phenomenal* nor the Ten Grave Precepts for discussion in this book. —The editors

26. From the "Bendōwa" chapter of *Shōbōgenzō*.

27. *Koboku-dō*

28. *Shōyōroku-Dokugo* 従容録独語

29. *The Analects of Confucius*, translated by Arthur Waley.

30. Translation from Kōun Yamada's *The Gateless Gate: The Classic Book of Zen Koans*（Boston: Wisdom Publications, 2004）.

31. Japanese: *jikke*; Sanskrit: *bija* 習気

32. *makyō*（literally "demonic consciousness"）魔境

33. *asuras* 阿修羅

34. *jōriki* 定力

35. *hosshū* 法執

36. Absolute, Manifest, and Maintaining ThreeTreasures

37. *Gakudō Yōjinshū* 学道用心集

38. *Shushōgi* 修証儀

39. *Zazen Wasan* 坐禅和讃

40. *Fukan Zazengi* 普勧坐禅儀

41. *Gakudō Yōjinshū* 学道用心集

42. *Rinzai-roku* 臨済録

43. *Zazen Yōjinki* 坐禅用心記

44. *Zenkan Sakushin* 禅関策進

45. "Bendōwa" 弁道話

46. *kokyō shōshin* 古教照心

47. *Sayings of Dōgen Zenji, Shōbōgenzō Zuimonki* 5:21 正法眼蔵 随聞記

48. Ibid., 5:23

49. *kenshō futettei* 見性不徹底

50. *shōdō* 証道

51. *tokudō* 得道

52. *godō* 悟道

53. *kenshiki myōshin* 見色明心

54. *Gakudō Yōjinshū* 学道用心集

55. Physical, verbal, and mental

56. "Bendōwa" 弁道話

57. *nyū* 入

58. *danken*, Skt. *uccheda-drsti* 断見

59. *Shōbōgenzō*, "Believing Deeply in Cause and Effect"

［*Jinshin Inga*］深信因果

60. *jōken*, Skt. *sāsvata-drsti* 常見

61. This refers to the "Śrenika Heresy". See Buswell and
    Lopez *The Princeton Dictionary of Buddhism*, p. 852.

62. "Bendōwa" 正法眼蔵 , 弁道話

63. Ibid.

64. *gōriki* 業力

65. *gōriki sōzoku* 業力相続

66. "Shōji" 生死

67. *Eihei Kōroku* 永平広録

68. Kōshō Temple Chapter, Part I

69. "JinshinInga" 深信因果

70. *Ekikyō Bungen-den* 易経文言伝

71. *Huainanzi* 淮南子

72. *Confucian Analects* 論語

73. *Hōkyōki* 寶慶記

74. p. 61

75. "Kuyō Shobutsu" 供養諸仏

76. *Buddhacarita*

77. *Butsuzō-kyō* 仏蔵経

78. Cakravarti–raja 転輪王

79. *gudōshin* 求道心

80. *kan* 感

81. ō 応. Yamada Roshi is providing an etymology for the term *kan'ō* 感応, which generally means "sympathy" or "divine response" in colloquial Japanese. But here *kan'ō* refers specifically to the interrelationship between the innate buddha nature of sentient beings, the expression of which makes them "sensitive" recipients of the inconceivable wisdom and compassion of fully enlightened beings, which is itself expressed as a salvific "response" that naturally emerges from their own buddha nature when it has been fully purified.

82. *Principle of Practice and Enlightenment* 修証儀

83. *dai-shinkon* 大信根

84. *dai-gidan* 大疑団

85. *dai-funshi* 大憤志

86. *mujō-bodai* 無上菩提

87. Translation by Gene Reeves in *The Lotus Sutra* (Boston: Wisdom Publications, 2008), p. 296.

88. *Tennen Jishōbutsu* 天然自性仏

89. Kōun Yamada, *The Gateless Gate*（Boston: Wisdom Publications, 2004）, p. 157.

90. *Chokusetsu no kokoroe* 直接の心得

91. *kekka fuza* 結跏趺坐

92. *hanka fuza* 半跏趺坐

93. *nihonza* 日本坐

94. *gomaza* 護摩坐

95. *kōgemon* 向下門

96. *kichijōza* 吉祥坐

97. *kōjōmon* 向上門

98. *yukata* 浴衣

99. *hakama* 袴

100. *Yasen Kanna* 夜船閑話

101. *naikan* 内観

102. *Sanzen no Hiketsu* 参禅の秘訣

103. *issoku hampu* 一足半歩

104. *shūshōhen* 修証辺

B